Z

Ljuba Arnautović

JUNISCHNEE

Roman

Paul Zsolnay Verlag

Figuren und Handlung sind literarische Fiktion auf Grundlage wahrer Begebenheiten.

Kursiv gedruckte Textstellen entstammen Originaldokumenten. Russische Dokumente wurden von der Autorin übersetzt.

Die Arbeit an diesem Roman wurde mit einem Projektstipendium des Bundes und einem Stipendium aus dem Literar-Mechana-Jubiläumsfonds gefördert.

Mit der freundlichen Unterstützung der Kulturabteilung der Stadt Wien, Literatur

Stadt Wien

1. Auflage 2021

ISBN 978-3-552-07224-4

Satz: Nele Steinborn
Autorenfoto: © Leonhard Hilzensauer/Zsolnay
Umschlag: Anzinger und Rasp, München
Motiv: L.A. Ring, Sønnen Ole kigger ud af vinduet
© Villy Fink Isaksen, Kollektion: Randers Kunstmuseum
Druck und Bindung: CPI books GmbH, Leck
Printed in Germany

FSC
www.fsc.org
MIX
Papier aus verantwortungsvollen Quellen
FSC® C083411

JUNISCHNEE

Für meine Schwester Larissa

1

Anastasia hat keine Augenbrauen. Und mit 32 Jahren noch keinen Ehemann. Braucht sie keinen? Kriegt sie keinen? Weil sie keine Augenbrauen hat? Weil sie eine erste Tochter ist?

Dabei ist die Erklärung einfach. Der ihr bestimmt ist, muss erst noch zum Mann werden.

Als sie ihren Zukünftigen zum ersten Mal sieht, ist sie fünfzehn, und er ist ein kleiner Bub, den man in den Laden neben der Kirche geschickt hat. Es ist sein erstes Mal. Die halbwüchsige Anastasia steht hinter dem Ladentisch, als der Fünfjährige den fensterlosen Laden betritt, um Kerzen zu kaufen und einen Hering aus dem Fass. Die Helligkeit der Straße im Rücken, die Wangen rot vor Aufregung, umklammert er eine Münze in der verschwitzten, vor die Brust gepressten Faust. Anastasia wickelt das Wechselgeld in ein Tüchlein, damit es nicht verlorengeht. Dieses Tüchlein wird er ihr 1927 zurückgeben, wenn sie 32 und er 22 Jahre alt sein wird und er ihr endlich seinen Antrag machen kann. Jetzt streicht sie dem Kleinen eine hellblonde Strähne aus der Stirn und fragt ihn nach seinem Namen. Er nimmt eine gerade Haltung an: »Fjodor Nikolajewitsch Botscharow«, sagt er laut und ernsthaft seinen vollen Namen auf und geht davon. Sie lächelt ihm hinterher und murmelt: »Fjodor. Fedja. Fedjka.«

Der Laden gehört Anastasias Onkel, einem Bruder ihrer

Mutter. Die Familie ist groß, aber das Mädchen und seine Eltern haben mit den meisten Mitgliedern keinen Umgang. Anastasias Mutter Jewgenija lebt ohne den Segen ihres Vaters, weil sie gegen seinen Willen eine unpassende Verbindung eingegangen ist.

Jewgenijas Familie gilt als wohlhabend. Die Stadt Kursk, in der sie seit Generationen ansässig ist, liegt im fruchtbaren Schwarzerdegebiet tief in der russischen Provinz. Moskau ist mehr als fünfhundert Kilometer entfernt, im Norden. Im Süden ist es nicht weit bis zur Ukraine. Die Sprache der Bewohner ist schon davon gefärbt, die Vokale gedehnt und die Konsonanten weich.

Unter Jewgenijas Vorfahren finden sich Verwalter fürstlicher Güter, Popen, mehrere Lehrer, kleine und mittlere Beamte, ein Militärarzt und sogar ein Advokat. Bildung wird als der Schlüssel zu einer guten Position in der Gesellschaft gesehen, und früh wird den Kindern das Streben danach als wichtigster Lebensinhalt vermittelt. Jewgenijas Vater, Anastasias Großvater, erlernte von Jugend an das Geschäft seiner Vorfahren und übernahm schließlich das Holzhandelskontor seines Vaters, um es später an seinen Ältesten weiterzureichen. Das erstgeborene Kind, Jewgenija, spielt – wie auch ihre Schwestern – in dieser Kette keine Rolle. Der erste Sohn erbt den Holzhandel, an den zweiten gehen die beiden Läden. Der eine, im Stadtzentrum gelegene, hält ein Sortiment bereit, das von einer städtischen Kundschaft nachgefragt wird. Ganz anders der kleinere Laden im unteren, dörflichen Teil der Stadt. Zwar gehört auch dieser Bezirk zum Stadtgebiet, aber er wirkt alles andere als städtisch. Das liegt wohl an den geografischen Gegebenheiten. Das Gelände wird von zwei Flüssen eingerahmt, die es jedes Frühjahr unter Wasser setzen. Die Menschen leben in einfachen Holzhäusern, die sich entlang einer staubigen Fahrstraße reihen. Sie ernähren sich zum Gutteil von ihren schmalen Gärten, die hinter den Häusern liegen und sich bis zum jeweiligen Fluss erstrecken. Es war klug, hier einen Laden zu eröffnen. Der Weg in die Oberstadt ist weit, die Straßen oft nicht benutzbar. Während der jährlichen Überschwemmungen im Frühling steht das Leben still, man besucht die Nachbarn mit Booten und sieht dem Wasser beim Versickern zu. Das Hochwasser ist stets willkommen, und wenn es einmal ausbleibt, sorgt man sich um die Fruchtbarkeit der Gärten.

Oben hatte man derweil eine richtige Stadt samt Bahnhof gebaut, Schienen wurden gelegt, und auf ihnen rollte der Fortschritt heran, brachte Baumaterial für Fabriken und Höhere Schulen. Die neue Zeit fegte über die Unterstadt hinweg, ihre Holzhütten duckten sich noch tiefer in die braune Erde, während oben Asphalt gebraut und Straßen gegossen wurden, darauf graue Häuser aus Stein wuchsen. Alle Neuerungen spielten sich in der Oberstadt ab. Lange blieben die Menschen herunten ohne Strom, Wasserleitung und Kanalisation. Jene, die zum Lernen oder zum Arbeiten hinaufgingen, brachten Geschichten mit, über die die Alten ungläubig den Kopf schüttelten. Mit jedem Jahr wandten sich die Jungen mehr von Schlamm, Wasserpumpen und Latrinen ab und suchten den Komfort der neuen Zeit. Sie verheirateten sich »nach oben«, und am Tag nach der Hochzeit zogen sie in die steinerne Stadt.

Nicht so Jewgenija, die älteste Tochter der Familie. Sie hatte sich noch als Schülerin in einen Burschen verliebt, dessen Familie nicht über die Mittel – oder wenigstens den Ehrgeiz – für einen Aufstieg verfügte. Sie folgte ihrem Bräutigam hinunter – geografisch wie auch gesellschaftlich.

Der Besitz, zu dem es Jewgenijas Familie über Generationen gebracht hatte, sollte unbedingt bewahrt, wenn möglich vermehrt werden. Das war nur durch gute Partien gewährleistet. Man hatte in fünf Kinder investiert, auch den Mädchen eine gute Bildung zukommen lassen. Diese Investition musste sich lohnen. Das Ausscheren seiner Ältesten enttäuscht den Vater. Fast bereut er, diese Hauslehrer mit ihren neumodischen Ideen beschäftigt zu haben. Er selbst glaubte ja auch an den Fortschritt, die Technik und ihre Hervorbringungen, und an die Befreiung der Menschen von Mühsal, Dummheit und Sklaverei. Wenn er auch nichts von einem Umsturz hielt, von dem die immer wieder kursierenden Flugschriften kündeten, ließ er sich doch von der Begeisterung für manch neue Idee, die diese Zeilen verkündeten, beeindrucken. Später kamen ihm Zweifel. Vielleicht war die Zeit noch nicht reif? Vielleicht hätte er kein Risiko eingehen, seine Töchter doch lieber nach alter Sitte erziehen sollen? Bei den Jüngeren, nimmt er sich vor, wird er strenger sein, hoffentlich ist es noch nicht zu spät.

Einen Fluch gegen seine Erstgeborene auszusprechen, dazu wollte er sich trotz seiner bitteren Enttäuschung über ihre Unfolgsamkeit nicht entschließen. Das hätte auch die nachfolgende Generation betroffen, und dies erschien ihm doch unverhältnismäßig hart. Und so hat er es mit der Verweigerung seines Segens gut sein lassen. Seine Frau, die weiterhin Kontakt zu Jewgenija hält, lässt er gewähren, nur wird zwischen ihnen kein Wort darüber gewechselt. Und er lässt es zu, dass seine Enkelin Anastasia im Laden seines Sohnes aushilft. Nie richtet er ein Wort an das Mädchen, aber er beobachtet Anastasia verstohlen aus der Entfernung, sucht und entdeckt Ähnlichkeiten. Ihm gefallen ihre gerade Haltung und ihr verschlossener Ernst.

Als Anastasia den kleinen Fjodor, ihren zukünftigen Ehemann, kennenlernt, steht sie bereits seit vier Jahren an mehreren Nachmittagen in der Woche im Laden des Onkels, nachdem sie mit elf Jahren nach der fünften Klasse die Grundschule beendet hat – keine Rede von Hauslehrern wie bei ihren Cousinen und Cousins. In der übrigen Zeit versorgt sie die jüngeren Geschwister, damit ihre Mutter Jewgenija sich der Wäsche fremder Herrschaften in der Oberstadt widmen kann, einer notwendigen Einnahmequelle der Familie, seit das Unglück geschehen war.

Die Balken und Ziegel liegen aufgeschichtet im Garten, die Helfer aus der Nachbarschaft sind schon bestellt und der Tag bestimmt, an dem mit dem Ausbau des Hauses begonnen werden soll. Jewgenija ist gerade mit dem dritten Kind schwanger, als ihr Mann den Arbeitsunfall hat, in dessen Folge ein Bein steif bleibt. Seinem Beruf als Zimmermann kann er fortan nicht mehr nachgehen, und so lässt er sich von einem Pelzschneider anlernen und arbeitet als sein Gehilfe. Frau und Kinder müssen erleben, wie ein Mensch vor ihren Augen zu einem anderen wird. Seine Absicht, es dem Schwiegervater zu beweisen, ist zunichte, die Schmerzen im Bein manchmal nicht zu ertragen. Aus dem ehrgeizigen, aber sanften Mann wird einer, der oft schreit und mit Gegenständen, später auch mit Menschen grob umgeht. Alkohol kann den Schmerz etwas betäuben, und den zerstörten Stolz. Der Schwiegervater behält recht, und Jewgenija hat am Ende vier Kinder, aber keine Familie mehr und keine Liebe.

So bleibt nur das winzige Häuschen, in dem ihre wachsende Familie leben muss. Es besteht aus einem einzigen L-förmigen Raum, in dem Kochen, Waschen, Schlafen, Streiten stattfinden.

Manchmal kommt Jewgenijas Mutter, Anastasias Großmutter, zu Besuch, sie ist ihrer ältesten Enkelin sehr zugeneigt. Die beiden verbindet eine Gemeinsamkeit. Als Anastasia acht Jahre alt ist, spricht die Großmutter zum ersten Mal von einer Besonderheit. Und von einem angeborenen Zeichen, einem Beweis. Einem Stempel, den die Natur bestimmten Frauen aufdrücke, die mit dieser angeborenen Gabe ausgestattet seien. Bei ihr selbst sei es ein behaartes, halbmondförmiges Muttermal am Schulterblatt. Ihre Tochter Jewgenija habe ein gespaltenes Ohrläppchen. Und bei ihr, der Enkelin Anastasia, fehlten die Augenbrauen. »Du bist die erste Tochter einer ersten Tochter einer ersten Tochter, du bist ein Glied in einer Kette, du hast Fähigkeiten. Später wirst du verstehen.«

Anastasia beginnt ihre Mutter zu beobachten. Erst jetzt nimmt sie den kleinen Makel wahr, von dem die Großmutter gesprochen hat. Jewgenija weiß ihn geschickt unter Haar und Kopftuch zu verbergen. Nachbarinnen kommen ins Vorhaus, und es wird geflüstert: Man ruft sie zu kranken Kühen oder zu Enten, die das Gefieder verlieren. Man bringt Säuglinge, deren Nabel nicht verheilen will, oder Kinder mit Warzen an den Fußsohlen. Jewgenija murmelt bestimmte Worte. Die Warzen verschwinden, der Nabel trocknet ab, den Enten wachsen Federn, und die Kuh gibt wieder Milch. Es ist nicht erlaubt, Geld für diese Dienste anzunehmen, aber die Nachbarinnen bringen ein Stück Kuchen, einen Becher Zucker oder Stoff für eine Schürze. Es wird getuschelt, und man verstummt, sobald das Mädchen in Hörweite kommt. Als Anastasia es eines Tages wagt, ihrer Mutter eine Frage zu stellen, zuckt Jewgenija nur unwirsch die Schultern und wendet sich einer Arbeit zu.

Bei Sonnenuntergang sitzen die Frauen des Viertels auf den

Bänken vor ihren Häusern und lassen den Tag zu Ende gehen. Sie schweigen ausgiebig, bis sich das Licht und die Geräusche ringsum verändern. Dann reden sie. Der junge Fjodor habe seinen Beruf vielleicht nur deshalb gewählt, um in die Nähe dieses spröden Mädchens zu kommen? Dass mit der was nicht stimmt, ist doch offensichtlich. Wie schon deren Mutter Jewgenija (wie konnte die nur so ungeschickt sein und sich derart ungünstig verheiraten?) ist auch Anastasia den Leuten nicht geheuer. Worauf ist die stolz? Wie sie da so ungemein aufrecht im schummrigen Laden steht, abweisend, doch irgendwie leuchtend. Die glaubt wohl, dass sie auch so eine ist. Eine, die man braucht im Dorf, die man aber zugleich fürchtet. Niemand wagt es, ihr näher zu kommen als nötig.

2

Auch der 1903 geborene Fjodor darf nicht lange Kind sein. Seine Eltern sind arm, und früh muss er, als der ältere der beiden Söhne, im Garten, der hauptsächlich zum Anbau von Kartoffeln und Kohlköpfen genutzt wird, mithelfen. Und im Stall – auch wenn dieser Stall nicht einmal eine Kuh, nur eine Ziege, einige Hasen und eine kleine Hühnerschar beherbergt. Mit neun Jahren schickt man ihn zur Schule, denn Lesen, Schreiben und Rechnen soll der Bub schon können. Nach dem Unterricht und in den Ferien arbeitet er umso härter daheim mit.

Sein Vater Nikolai hat einen Beruf, er ist Dachdecker. Dabei ist er von der Auftragslage und vom Wetter abhängig. Nicht immer kann er einen ausreichenden Lohn heimbringen. Manchmal muss die vierköpfige Familie sich eine Woche lang mit einem Tageslohn begnügen.

Sobald Fjodor zwölf Jahre geworden ist, wird seine Schulbildung nach drei Klassen für ausreichend erachtet. Der jüngere Bruder übernimmt jetzt Stall und Garten, und Nikolai nimmt Fjodor mit auf die Baustellen. So erlernt er das Handwerk des Vaters, ohne Lehrzeugnis, ohne Gesellenprüfung, ohne Meisterbrief. Dass der Bursche von der Mechanik fasziniert ist und davon träumt, Fahrräder zu reparieren oder sogar neuartige Maschinen für die Feldarbeit zu erfinden, interessiert niemanden. Mit vierzehn verdient er halb so viel wie sein Vater. Als er siebzehn ist, tobt ein Bürgerkrieg durch das Land, der sich später Revolution nennen wird, für den Nikolai zu alt und seine Söhne zu jung sind. Häuser werden zerstört, Dächer beschädigt – trotzdem wird der Vater arbeitslos und mit ihm der Sohn.

Fjodor bekommt seine erste Anstellung in der riesigen Getreidemühle, die gerade noch einem Fabrikanten gehört hatte und jetzt unter staatliche Verwaltung gestellt wurde.

Dann folgt die Periode der »Neuen Ökonomischen Politik«, die Privateigentum und freie Berufe toleriert, und Fjodor macht sich selbständig. Mit seinem Vater und zwei weiteren Handwerkern bildet er eine Brigade. Einer von ihnen hat immer einen Auftrag an der Hand. Die Aufbruchsstimmung verspricht dem jungen Mann eine gute Existenz. Doch nach nur vier Jahren werden die Männer wieder in die Fabriken oder Kolchosen beordert. Fjodor geht zurück in die Getreidemühle, als ungelernter Arbeiter. Der Werkmeister erkennt das Geschick seiner Hände und seine Neugier an Maschinen, und er lernt ihn in der Werkstatt als Feinmechaniker an. Bald setzt er ihn als Fachkraft ein, nicht mehr als Hilfsarbeiter. Fjodor wird jetzt bald um Anastasias Hand anhalten können.

1922 war das Land zu einem neuen Staat geworden und heißt jetzt Sowjetunion. 1924 stirbt der Revolutionsführer, und im Jahr darauf wird Fjodors Mentor samt seiner Familie umgesiedelt. Von Kasachstan ist die Rede gewesen – Fjodor hat nie mehr etwas von ihm gehört. Er selbst muss zurück »ins Mehl«, weil jetzt die Vorschriften streng eingehalten werden müssen, und Fjodor kann keine abgeschlossene Berufsausbildung nachweisen.

Regelmäßig geht er in den kleinen Laden neben der Kirche – die jetzt keine mehr ist –, um sich Anastasias Lächeln abzuholen. Um sich zu versichern, dass sie immer noch unverheiratet ist. Sie berichtet von den Enteignungen und »Versetzungen« in der Herkunftsfamilie ihrer Mutter. Und dass sich ihr Großvater rechtzeitig aus dieser Welt verabschiedet habe. Sein Tod habe es ihm erspart, mit ansehen zu müssen, wie seine Familie auseinanderfällt und all sein Zusammengetragenes zertrümmert wird.

Fjodor bewirbt sich beim Betriebsrat der Mühle um einen Ausbildungsplatz zum Feinmechaniker. Er lernt noch einmal Lesen und Schreiben, damit er dem abends stattfindenden Unterricht folgen kann. Die schriftliche Prüfung fällt katastrophal aus. In der praktischen ist er der Beste seines Jahrgangs, darum bewilligt ihm die Kommission ein wiederholtes Antreten. Bis dahin darf er schon einmal als Anwärter in der Werkstätte der Mühle arbeiten – diesen Arbeitsplatz kennt er ja von früher bestens. Beim zweiten Antreten muss jemand beide Augen zugedrückt haben – Schreiben ist einfach nicht sein Ding, wo doch seine Hände so geschickt sind. Pläne und Zeichnungen kann er aber gut lesen. Zu Beginn des Jahres 1927 wird Fjodor regulär als Feinmechaniker in der Werkstätte des Betriebs eingestellt, er tritt der Kommunistischen Partei bei, und jetzt kann er endlich Anastasia fragen, ob sie seine Frau sein möchte.

Fjodor hat breite Unterarme mit blonden Härchen, helles glattes Haar und graue Augen. Als Bub, wenn er in den Laden geschickt wird, hat er immer ein eigentümliches Gefühl – ist das Furcht? Wenn ja, dann fühlt sich diese Furcht irgendwie angenehm an, als würde etwas Weiches über seinen Nacken streichen und ein leichtes Frösteln verursachen. Eines Tages versinkt sein heller Blick in ihren dunklen Augen und will gar nicht mehr wieder auftauchen. Er ist angezogen von der Strenge dieses Mädchens, die viele fürchten und für einen Grund ihrer Ehelosigkeit halten. Hübsch ist sie, kein Zweifel, aber ein Blick aus ihren braunen Augen jagt so manchem in ihrer Umgebung Respekt ein.

Der fünfjährige Fjodor ist noch unsicher in ihrer Gegenwart, aber nicht mehr der achtzehnjährige, und erst recht nicht der 23-jährige. Er sieht, was andere nicht sehen, sogar die Bögen feinsten Flaums über ihren Augen.

Niemand wird je Zeuge von Zärtlichkeiten zwischen den beiden. Aber ihre Blicke lassen sich nicht verbergen, und so sieht es alle Welt: Hier geht ein Liebespaar. Auch nach dem dritten Kind: Hier geht ein Liebespaar. Im Dorf wird gerätselt und getratscht. Verhext wird sie ihn haben, mutmaßen die Frauen bei ihren abendlichen Sitzungen. Das ist doch nicht normal, so ein fescher junger Mann, unsere Mädchen verdrehen die Köpfe nach ihm, und er nimmt sich ausgerechnet die da.

Die Männer stehen mit ihrem feierabendlichen Bier im Kreis, auch sie brauchen eine Erklärung: Ganz sicher stimmt bei dem da oben was nicht. Hat wohl ein einfaches Gemüt, dieser Bursche.

Eine Birke sollte es sein. Fjodor war am Tag der Geburt seiner ersten Tochter Nina, mitten im Winter, auf Geheiß seiner Schwiegermutter Jewgenija ins Wäldchen gegangen, einen jungen Baum ausgraben, um ihn in den Garten hinter dem Haus zu pflanzen, wie es der Brauch will, wenn ein Mädchen geboren wird. Die Birke würde gemeinsam mit dem Kind wachsen, und Gestalt und Wesen des Mädchens würden jener ihres Baumes ähneln – aufrecht, licht und anmutig. Bei Bedarf würden ihre Großmutter Jewgenija oder ihre Mutter Anastasia mit einem Büschel Laub von diesem Baum und mit bestimmten Worten allerlei Unheil, schädliche Blicke und Krankheit von dem Mädchen fernhalten. Später, an Ninas Hochzeitstag, würde im Brautstrauß ein Zweiglein ihrer Birke stecken. Dieses Zweiglein würden die älteren Frauen vor der Hochzeitsnacht unter die Matratze des Brautlagers legen. Sie hätten dabei im Sinn, das erste Kind möge ein Mädchen sein – wenn auch nebenan die schon ziemlich angetrunkenen Männer den Jungvermählten lautstark und anzüglich einen Sohn wünschten.

Als der Frühling kommt und den Bäumen Blätter wachsen, bemerken alle den Irrtum. Es ist ein Pappelbaum und keine Birke. Der junge Vater wird von der Nachbarschaft verspottet als einer, der wohl jeden weißen Stamm für eine Birke hält – und die erstbeste Frau für eine Braut; als einer, der im Birkenhain ausgerechnet den einzigen Fremdling erwischt; als einer, der sich in eine um zehn Jahre ältere, mürrisch dreinblickende Frau verliebt.

Die Pappel wieder aus dem Garten zu entfernen hätte Unglück gebracht. So bestimmen die Frauen eine andere junge Birke zu Ninas Baum. Die steht neben dem Weg zum Brunnen, und so kann Anastasia beim täglichen Wasserholen den Stamm berühren und jene Worte murmeln, die der Brauch verlangt. Dass ihre Tochter später die Heimat verlassen wird, würde sie nicht verhindern können, und auch sonst niemand, das ist jetzt wohl so vorbestimmt. Einen Menschen ohne feste Wurzeln kann nichts halten.

Die junge Pappel indes wächst viel schneller, als eine Birke es getan hätte, und sie erweist sich als nützlich. Abgesehen vom flaumigen Samenflug, dem Junischnee, der die Kinder mitten im Sommer entzückt, die Jugendlichen zum gefahrlosen Zündeln verführt, und von dem die Erwachsenen behaupten, er würde die Luft reinigen, wird der Baum bald zu einem unverzichtbaren Möbel. Fjodor befestigt einen Wasserspender, eine kleine Tonne aus Zink, an seinem Stamm. Nach der Gartenarbeit oder bei der Rückkehr vom Plumpsklo kann man sich die Hände waschen. Und an einem Ast, der in die Waagrechte gezwungen wurde, hängt Fjodor später die Schaukel für seine drei Kinder auf, die Anastasia in den ersten vier Jahren ihrer Ehe zur Welt bringt.

3

Mai 1934. Ein gelber Postautobus hält auf dem Hauptplatz eines kleinen Dorfes im niederösterreichischen Weinviertel. Eva, eine Frau Anfang dreißig, steigt aus, ihr folgen etwa zehn Kinder im Alter zwischen fünf und dreizehn Jahren. Sie tragen feste Schuhe, Anoraks und Rucksäcke. Zuletzt klettert eine junge Frau heraus. Der Bus entfernt sich schnaufend. Es ist Nachmittag. Die Frühlingssonne erwärmt die Luft, aber die Felder sind noch braun und feucht, die Weinstöcke kahl. Die Gruppe setzt sich in Bewegung. Ganz oben am Hang steht ein Marterl, das steuern sie an, um zu rasten und ihre Jause einzunehmen. Ein kleines Mädchen weint nach seiner Mama und wird von der jungen Frau getröstet. Ein dünner, sommersprossiger Neunjähriger fragt Eva jetzt schon zum wiederholten Mal, warum sie denn nicht einfach mitkommt. »Ich hab doch noch in Wien zu tun, Karli. Der Vati trifft euch morgen in Brünn. Ich komm dann ja auch bald nach.« Er nickt tapfer. Seine Mutter zerstrubbelt ihm das Haar, was der Bub gar nicht mag. »Der Slavko passt derweil auf dich auf.« Sie zwinkert einem Zwölfjährigen zu, der sich sehr gerade hält. Er möchte erwachsen wirken und seine innere Anspannung verbergen.

Es ist nicht der erste Ausflug dieser Art. Eva hat in den vergangenen Wochen immer wieder Kinder getöteter, verwundeter oder geflüchteter Februarkämpfer aus anderen Bundesländern in ihrer Wohnung im Wiener Arbeiterbezirk Favoriten versammelt. Man bestimmt wechselnde Orte im nördlichen Wein- oder Waldviertel, übergibt die Kinder an dort wartende Helfer, die sie weiter zu Pflegeeltern, zu tschechischen Genossen bringen.

Evas Lebensgefährte Karl Kafka lebt bereits seit Mitte Februar in Prag. Karlis Vater und Slavkos Stiefvater hatte die Funktion eines Vertrauensmanns beim »Demokratischen Schutzbund« inne. Die paramilitärische Gruppierung der Sozialdemokratischen Arbeiterpartei Österreichs hatte sich gegründet, um dem Widerstand des »Feindes von rechts« notfalls auch mit Waffengewalt entgegentreten zu können. Die sozialen Errungenschaften des Roten Wien wollen unter allen Umständen verteidigt werden.

Ideologisch auf der Gegenseite hatten sich gleich nach dem Ersten Weltkrieg Heimatschutz- und Volksmilizen formiert. Sie breiten sich – von Westösterreich kommend – in ganz Österreich aus, stellen sich gegen die Sozialdemokratie auf und unterstützen Polizei und Militär bei deren Aktionen gegen die Linken. Die einzelnen Gruppen und Organisationen schließen sich zur starken »Heimwehr« zusammen. Eine einheitliche Uniform haben die Heimwehrler nicht, aber ein Erkennungszeichen: die flatternde Schwanzfeder des Birkhahns, mit der Jäger ihren Hut schmücken. Wer abfällig von ihnen spricht, nennt sie »Hahnenschwanzler«, die das, was der Vogel »am Oarsch« hat, am Kopfe tragen.

Diese Verbände werden mit Geld, Ausrüstung und Infrastruktur wohlversorgt von Kräften, die die Wahlniederlagen ihrer Parteien nicht länger hinnehmen wollen: Christlichsoziale, Bürgerliche, Heimatblock, Wirtschaftsblock, Landbund. Sie alle dürfen sich des katholischen Segens sicher sein. Zudem zieht neue Konkurrenz auf – Hitlers NSDAP hat bei den Wahlen in Deutschland im Frühjahr triumphiert und tritt jetzt auch in Österreich an. Die Zeit scheint reif, mit dem roten, demokratischen und sonstigen Unfug endlich Schluss zu machen.

Vor einem Jahr war der erste Schritt getan: Am 4. März 1933 wird das Parlament in Wien mit einer Art Staatsstreich – begünstigt durch die Fehleinschätzung der sozialdemokratischen Führung – ausgeschaltet. Am 11. Februar 1934 löst der christlichsoziale Vizekanzler Emil Fey – Mitbegründer und Führer der Heimwehr – mit einer provozierenden Rede den Februaraufstand aus.

Um unnötiges Blutvergießen zu vermeiden, schrecken manche Anführer des Schutzbundes davor zurück, zu den Waffen zu rufen, und verraten deren Verstecke nicht, während andere – schlecht ausgerüstet und militärisch unerfahren – tapfer gegen eine Übermacht kämpfen und sterben.

Um den standrechtlichen Erschießungen zu entgehen, die die Sieger inszenieren, flüchtet Karl Kafka zusammen mit einer Gruppe von Schutzbündlern nach Prag. Vom zögerlichen und halbherzigen Vorgehen ihrer Führer enttäuscht, treten Karl und Eva sofort der – bereits früher verbotenen – Kommunistischen Partei bei. Eva bleibt in Wien zurück und wirkt im Untergrund für die »Rote Hilfe«, die Hilfsorganisation der KP. Sie sammelt Spenden für mittellos gewordene Familien – das Einheben von Mitgliedsbeiträgen für eine verbotene Partei war nicht mehr erlaubt – und betätigt sich als Fluchthelferin. Das Spitzeltum blüht in diesen Tagen, also würde ihr Tun nicht lange geheim bleiben können. Als nach zwei Festnahmen absehbar ist, dass man Eva nicht in Ruhe lassen würde, nimmt sie ihre eigenen Buben vorsorglich auf eine ihrer Landpartien mit.

Die Gruppe wandert weiter und erreicht einen Wald. Es beginnt zu dämmern. Alle sind müde, die Kleineren raunzen, die Kleinsten wollen getragen werden. Die Frauen sind angespannt. Sie bleiben immer wieder stehen und lauschen. Plötzlich tritt ein Mann in Jägerkleidung hinter einem Baum hervor und spricht eine Parole. Eva und er tauschen Rucksäcke. Seit Ende Februar erscheint in Brünn wöchentlich eine kleinformatige Exil-Ausgabe der verbotenen Arbeiter-Zeitung, die Eva bei ihren Ausflügen nach Wien schmuggelt.

Der tschechische Genosse setzt sich die Jüngste auf die Schultern und drängt zum Aufbruch. Die junge Begleiterin nimmt Karli an der Hand und zieht ihn aus Evas Umarmung. Kurz bevor die Gruppe in der Dunkelheit verschwindet, dreht sich Slavko noch einmal um und hebt seine Faust zum Gruß. Eva bleibt allein zurück. Inzwischen ist es Nacht geworden.

Einmal noch wird der Familie ein letztes Beisammensein beschieden sein. Tschechische Genossinnen organisieren im Juli ein Zeltlager für die Kinder, zu dem auch die Eltern eingeladen sind. Fröhliche, sorglose Tage am Fluss, im Wald, am Lagerfeuer – diese Idylle ist es, die allen ein Leben lang in Erinnerung bleiben wird.

Im Herbst dann Evas dritte Festnahme, und diesmal hält man sie für acht Monate in Untersuchungshaft. Nächtelange Verhöre. Folter. Sie nimmt körperlichen Schaden. Chronische Schmerzen und immer wiederkehrende halbseitige Lähmungen werden ihr bleiben. Man stellt ihre Entlassung in Aussicht, würde sie sich bereiterklären, als Polizeispitzel tätig zu sein. Als sie schließlich nach acht Monaten, im Mai 1935, entlassen und des Landes verwiesen wird, fährt sie in die Tschechoslowakei zu Karl. Da sind ihre Söhne Slavko und Karli längst in Moskau.

Die MOPR, eine Hilfsorganisation der Kommunistischen Internationale, hat den heimat- und arbeitslosen Schutzbündlern angeboten, ihre Kinder für den Rest der Sommerferien zur Erholung ans Meer zu bringen, auf die Krim, und, falls nötig, anschließend nach Moskau, wo sie die deutsche Karl-Liebknecht-Schule besuchen und im enteigneten Palais eines Adeligen im Zentrum der Stadt wohnen könnten, bis sich die Lage in Österreich gebessert haben würde.

Aber dort bessert sich nichts, im Gegenteil. Sofort haben wieder die alten Kräfte das Ruder in die Hand genommen, die es gut meinen mit dem Kapital, der Industrie, dem Militär. Alles andere wird mit drastischen Maßnahmen verfolgt. Offiziell sagt man den Auswüchsen sowohl von links als auch von rechts den Kampf an. Unliebsame Organisationen und Parteien werden verboten, Personal in Ämtern und Behörden ausgewechselt. Das Rote Wien mit den verbesserten Lebensverhältnissen für die »kleinen Leut« ist über Nacht Legende.

4

Die Zöglinge des »Kinderheims Nr. 6 für österreichische Schutzbundkinder« kehren am Ende des Sommers 1939 nach ihrem Ferienaufenthalt, diesmal in Tuapse an der östlichen Schwarzmeerküste, braungebrannt und erholt nach Moskau zurück. Seit fünf Jahren leben die meisten von ihnen jetzt schon in der Sowjetunion. Warum das nur vorübergehend geplante Exil sich so lange hinzieht, vermag niemand zu erklären. Mittlerweile kommt aber auch die Frage danach den Kindern und ihren Betreuern immer weniger in den Sinn. Man hat sich daran gewöhnt, und es geht ja allen gut hier, während in der Heimat Hitlers Drittes Reich erstarkt.

Buben und Mädchen sind kaum voneinander zu unterscheiden, allen wurde der gleiche Kurzhaarschnitt verpasst. Alle sind gesund und haben zugenommen. Die Stimmung ist dennoch gedrückt, die Rückreise erfolgt vorzeitig eine Woche vor Ferienende, das hat wohl mit den neuesten politischen Entwicklungen zu tun. Die Sowjetunion hat mit ihrem Erzfeind, dem faschistischen Hitler-Deutschland, zu dem jetzt Österreich gehört, einen Pakt geschlossen. Die Verstörung – nicht nur unter den Schutzbundkindern und Politemigranten – ist groß. Wie ist denn so etwas nur möglich? Plötzlich bemerken die Zöglinge an sich selbst Eigenartiges. Sie verbieten sich das eine oder andere Wort. Das gelobte und gern gepflegte Freiherausreden bekommt einen Dämpfer. Darf man ab jetzt nichts mehr gegen Hitlers Faschismus sagen? Wenn sich vermeintlich Elementares so radikal ändern kann, sollte man seinen Kopf vielleicht nicht zu weit heben? Alle möchten jetzt so schnell wie möglich in die vertraute Welt zurück, ins Kinderheim. Je mehr sich der Zug Moskau nähert, umso besser wird die Stimmung. Die Kinder freuen sich auf die Köstlichkeiten der böhmischen Köchin und auf ihre Betreuerinnen.

Karli, der nicht gerne lernt, freut sich sogar auf die Schule. Und auf ein Wiedersehen mit Slavko. Der wohnt seit Monaten nicht mehr im Heim, weil er als erwachsen gilt und das Kinderheim verlassen musste. Die Brüder haben sich seither erst zweimal gesehen. Erika hingegen, die in Karlis Klasse geht, trifft sich in ihrer Freizeit oft mit Slavko. Dafür nimmt sie die länger als eine Stunde dauernde Fahrt zu seinem Wohnheim auf sich, oder das verliebte Pärchen trifft sich irgendwo in der Stadt. Slavko fragt sie über Karli aus, und sie überbringt dem Kleinen Grüße und Ermahnungen vom großen Bruder.

Wie groß muss an diesem Augusttag die Überraschung der Kinder und Jugendlichen gewesen sein, als sie, hungrig und müde von der langen Reise, das Palais im Stadtzentrum betreten. Das Haus ist leergeräumt. Fast alle Möbel wurden entfernt, kein einziges Bild hängt mehr an den Wänden. Die Räume wirken dunkel, kalt, und sie erzeugen beim Durchschreiten ein hartes Echo. Fremde Menschen fordern die Kinder auf, den Inhalt der Spinde, die als einzige Möbel noch hier stehen, in ihre Koffer zu packen und sich anschließend zu den beiden Genossen zu begeben, die an dem letzten verbliebenen Tisch im Speisesaal sitzen und in Listen blättern. »Und nach Möglichkeit rasch, meine Herrschaften!«

Von neuen Richtlinien ist die Rede, von Reorganisierungen infolge außenpolitischer Notwendigkeiten.

Den Großen, also jenen, die schon eine Lehre machen oder demnächst eine beginnen werden, aber weiter im Heim wohnen durften, gibt man Zettel mit Adressen und die Anweisung, sich unverzüglich mit der Metro oder der Straßenbahn dorthin zu begeben und nach einem Genossen Sowieso zu fragen. Dort würden weitere Anweisungen erfolgen.

Und schon schließen sich die Pforten des Paradieses. Die Gruppe der »Kleinen« steht vor dem Haus und wartet auf einen Bus, der schon längst da sein sollte. Es dämmert bereits, die Kinder frösteln in ihrer Sommerkleidung. Ein langer, warmer Sommer geht zu Ende.

5

Seinen älteren Halbbruder hat Karli immer bewundert. Slavko war genau so, wie auch er einmal werden wollte: gutaussehend, humorvoll, klug, charmant und mit vielen Interessen. Das Fotografieren hatte es Slavko eine Zeitlang besonders angetan – statt für Süßigkeiten gibt er sein Taschengeld für eine gebrauchte »Liliput«-Kamera aus. Seine zweite große Liebe gilt der Literatur. Immer hat er ein Buch dabei. Mit großer Begeisterung besucht er den Kurs des Schriftstellers und deutschen Politemigranten Erich Weinert, der seine ersten literarischen Versuche lobt und den Jugendlichen ermutigt, ein Studium der Philologie anzustreben. Dass Slavko die Nähe des Autors sucht, hat aber nicht nur künstlerische Gründe – er ist eine Zeitlang in Weinerts Tochter Marianne verliebt, eine Klassenkameradin an der Karl-Liebknecht-Schule.

Während Erzieher, Kursleiter, eine Ärztin oder auch ältere Schüler über Nacht verschwinden und man nie wieder von ihnen hört, kann Slavko von Erich Weinert – wenn auch schweren Herzens – noch richtig Abschied nehmen. Der zieht 1937 als Mitglied der Internationalen Brigaden in den Spanischen Bürgerkrieg. Und so vermuten die Zöglinge, dass auch die anderen Verschwundenen ganz sicher zu einer wichtigen Aufgabe berufen worden sind. Die meisten sprechen ja perfekt Deutsch, und sie sind parteitreue und verlässliche Kommunisten. Solche

Menschen lassen sich gut gegen den faschistischen Feind einsetzen. Nur verständlich, dass so etwas geheim bleiben muss. Manch ein Halbwüchsiger wünscht sich insgeheim, auf ebenso abenteuerliche Mission geschickt zu werden. Aber ist womöglich jetzt – am Ende des Sommers 1939 – der Feind gar kein Feind mehr?

Slavko muss bereits im März 1938, mitten in seinem letzten Schuljahr, das Kinderheim überraschend verlassen. Kurz nach seinem siebzehnten Geburtstag wird er mit weiteren Kameraden zum Direktor beordert. Slavko hatte sich – dem Rat seines Mentors folgend – um einen Studienplatz an der philologischen Fakultät beworben, als Zweitwahl hatte er die Pädagogische Hochschule angegeben. Er fiebert dem Bescheid entgegen und denkt, jetzt sei es so weit. Aber der Direktor teilt ihnen mit, dass nun ein neuer Lebensabschnitt für sie beginne. Sie würden sofort in das Wohnheim einer Werkzeugmaschinenfabrik im Osten der Stadt übersiedeln. Die Schule dürften sie noch zu Ende besuchen. Danach würden sie als Lehrlinge in der Fabrik aufgenommen und den Beruf des Drehers erlernen.

»Und mein Studium?«, fragt Slavko. Seine Enttäuschung ist groß, als ihm der Direktor den Bescheid aushändigt: Dem Antrag um Aufnahme eines akademischen Studiums könne nicht entsprochen werde. Es stehe ihm frei, sich in jedem Jahr erneut um einen Studienplatz zu bewerben.

Die Fahrt mit Metro und Bus dauert über eine Stunde. Die angegebene Adresse liegt weit außerhalb des Stadtzentrums. Die Jugendlichen melden sich beim Empfang. Die Schicht wechselt gerade, und so warten sie, bis der Portier das Tor schließt und sie zu einem Gebäude auf dem Werksgelände führt. Dort besieht sich ein Wachhabender ihre Papiere vom Heim und greift zum Telefonhörer. »Genosse Stellvertretender Direktor, hier sind Lehrlinge mit einer Zuweisung.« Er taxiert die drei, die erschöpft wirken, aber ausnehmend gut gekleidet sind. »Jawohl, Genosse Stellvertretender Direktor.« Er legt auf. »Zweiter Stock.«

Die Freunde bleiben nicht zusammen, man verteilt sie auf verschiedene Gebäude in der Arbeitersiedlung neben dem Werksgelände. Jede Wohnung in den fünfstöckigen Häusern verfügt über mehrere Zimmer, eine gemeinsame Küche und Bad. Slavko bekommt ein Bett und die Hälfte eines Schranks in einem Vierbettzimmer zugewiesen. Die Ledigen teilen sich einen Raum mit Arbeitskollegen, Ehepaare und Familien mit Kindern bewohnen jeweils ein Zimmer. Es gibt einen Stundenplan, wer wann Küche und Badezimmer benutzen darf. Im Flur hängt ein Radioempfänger, der ununterbrochen plärrt. Hier ist immer Bewegung, Stimmen, Gerüche, Gepolter und Geschrei. Ständig geht die Türklingel. Wegen des Schichtbetriebs ist es nicht einmal nachts ruhig. Für den feinsinnigen Slavko eine Qual.

Genau zur gleichen Zeit wird das ferne Österreich Teil des Deutschen Reiches. Ob es jetzt vielleicht möglich sein würde, in die Heimat zurückzukehren? Die hartnäckigen Versuche der Eltern, ihre Söhne zu sich zu holen oder selbst nach Moskau zu übersiedeln, waren erfolglos geblieben. Zwar ist einigen seiner Kameraden die Ausreise geglückt, aber nach welchen Kriterien Anträge bewilligt oder abgelehnt werden, bleibt allen ein Rätsel. Slavko widerstrebt es, die deutsche Botschaft aufzusuchen und die Einreise ins »Reich« zu beantragen. Andere wagen es doch. Ihre Lebensbedingungen hatten sich verändert, und außerdem hat die Aussicht auf eine Zukunft, die ihnen in der Sowjetunion bevorsteht, wenig Reiz. Die jungen Leute wollen studieren oder einen Beruf ihrer Wahl erlernen. Man munkelt, dass das Leben in Österreich, obwohl – oder weil? – es jetzt zu Deutschland gehört, immer noch besser sei als hier.

Slavkos Kameraden, die sich in die Botschaft gewagt hatten, bringen Zigaretten mit, die man ihnen dort geschenkt hat. Die drei Jugendlichen stehen rauchend im hinteren Teil des Werksgeländes, loben die Qualität der »Reemtsma Nr. 6« und erwägen das Für und das Wider. Die Freunde gestehen, dass sie die Ausreise bereits beantragt haben. Sie werden noch überlegen, aber eigentlich haben sie sich schon entschieden, nach Hause zu fahren.

Slavko fasst den Entschluss, diesen Weg nicht zu nehmen. Nicht nur, weil er seinen kleinen Bruder nicht zurücklassen möchte – dessen Leben wäre in Deutschland in Gefahr. Genossen aus Prag hatten die Mutter gewarnt: »Lass deinen Jüngeren, wo er ist. Hier wird man den Juden erkennen.«

Außerdem möchte Slavko unbedingt weiter an den Kommunismus glauben. Er würde die ungeliebte Lehre machen, in der Fabrik arbeiten, in seiner Freizeit viel lernen, sich jedes Jahr neu um einen Studienplatz bewerben, um einst ein nützliches Mitglied der sowjetischen Gesellschaft zu sein. Dieses Land hat ihm und seinem Bruder viel gegeben. Jetzt würde er damit beginnen, seine Schuld zu begleichen. Diese Sätze sagt er sich innerlich auf, wenn ihn das Heimweh überkommt oder die Enttäuschung, wenn zum wiederholten Mal sein Gesuch um die Aufnahme eines Studiums abgelehnt wird.

Er hat seit Jahren nicht mehr auf Deutsch geschrieben, und das merkt man dem Lebenslauf an, den er 1940 dem Antrag um einen Unterhaltszuschuss an die Moskauer Vertretung der

KPÖ richtet, als er sich – bereits zum dritten Mal – um einen Studienplatz bewirbt:

Leider sind meine Eltern beide aus ihrer Heimat vertrieben und leben in Emigration. Der Vater lebt in England und ich habe seit Jahren keine Nachricht von ihm. Die Mutter lebt im Mährischen Protektorat, wohin sie 1935 von der österreichischen Polizei wegen illegaler Weiterarbeit vertrieben wurde. Sie tragen jetzt beide die Gesinnung eines Kommunisten. Ich bin gegenwärtig Schüler des letzten Kurses der Rabfak (Arbeiterfakultät), wonach ich gedenke im Institut weiterzulernen. Meine Erfolge im Lernen sind ganz gut, ich will mich aber versuchen, daß sie ausgezeichnet werden, denn nur mit guter Arbeit, nur mit guten Kenntnissen, nur mit gutem Wissen kann man dem Sowjetvolke und der ganzen Menschheit dienen.

6

Karli weiß noch nicht, wofür er sich einmal beruflich entscheiden wird – vorerst wünscht er sich nichts sehnlicher als einen Hund. Er würde ihn »im Guten« dressieren, ihm allerhand Kunststücke beibringen und dann eventuell im Zirkus auftreten. Einen der ersten Ausgänge hatte das Kinderheim Nr. 6 gleich in den ersten Tagen nach der Ankunft für die heimwehkranken Kinder organisiert. Man besichtigte den Roten Platz, besuchte das Lenin-Mausoleum (wo es Karli gruselte), und zum Abschluss des ereignisreichen Tages ging es in den Zirkus. Am meisten beeindruckte ihn die Nummer mit den dressierten Hunden.

Die ersten Monate in der Sowjetunion fühlen sich an wie sehr lange, sehr aufregende Ferien. Nach dem Sommer auf der Krim geht es zwar auch in Moskau in die Schule – aber welch ein Unterschied ist das zu dem Leben, das die meisten Kinder daheim in Österreich hatten! Es gibt reichlich und Nahrhaftes zu essen, medizinische und zahnärztliche Versorgung, zweimal jährlich neue Kleidung und Schuhe, sogar Taschengeld.

Die immer wieder aufkeimende Frage, wann es denn wieder nach Hause geht, zu den Eltern, Geschwistern, zu den Schulfreunden in Österreich, gehört in die Kategorie »Darüber spricht man nicht«. Die Größeren schaffen es, ihr Heimweh zu verbergen, die Kleineren weinen immer wieder, besonders in der ersten Zeit. Aber für Kinder ist ja alles, was um sie herum geschieht, normal, und sie nehmen ihr Schicksal an.

Die Erzieher sind verständnisvoll. Den Begriff »antiautoritär« gibt es noch nicht, aber moderne pädagogische Konzepte werden angewandt. Bestraft wird selten, und wenn doch, sollen die Kinder den Sinn verstehen können.

Später, nach Auflösung des »Nummer 6« und Unterbringung der Kinder in gewöhnlichen Heimen, wird Kritik an diesen neuartigen Methoden laut: Die Kinder hielten sich für was Besonderes; man habe ihnen viel zu viel Freiheit gelassen, sie seien undiszipliniert und hinterfragten ständig die Regeln; ihre schulischen Leistungen seien sehr lückenhaft; einige könnten nach fünf Jahren Aufenthalt in der Sowjetunion noch immer nicht ordentlich Russisch!

Lange Zeit ahnen diese Kinder nicht, dass sie in einer künstlich geschaffenen Atmosphäre leben, abgeschottet vom sowjetischen Alltag, der sich nur wenige Meter außerhalb der Mauern des Kinderheims Nr. 6 abspielt: Mangel, Rationierung von Lebensmitteln und Wohnungsnot, Angst vor willkürlichen Verhaftungen und Beschuldigungen, harten Urteilen, Verbannung und Erschießungen. Längst lähmt staatlicher Terror das Land. Die Kinder hält man in einer Blase. Jene, die diese Blase geschlossen halten, möchten so gerne an die lichte Zukunft glauben. Fast alle von ihnen werden früher oder später selbst zu Opfern ihrer Ideologie.

Die erste Nacht im sowjetischen Kinderheim »Spartak«, wohin der fünfzehnjährige Karli zusammen mit den etwa dreißig verbliebenen Zöglingen gebracht wird, wird er in quälender Erinnerung behalten. Hier riecht es nach Schmutz und Armut. Die Betten aus »Nummer 6« wurden zwar hierher übersiedelt, aber es will einem nicht warm werden darin. Die Neuen werden beäugt wie exotische Tiere. Diese Schuhe! Dieses Gewand! Diese Frisuren! Und untereinander sprechen sie in einer unverständlichen Sprache. Halten die sich für was Besseres?

Der Direktor hält eine kurze Begrüßungsrede, aber eigentlich enthält die nur eine Auflistung von Anweisungen und Androhungen von Strafe, würde jemand gegen die hier herrschenden strengen Regeln verstoßen. Er hätte den Kindern nicht befehlen müssen, ab jetzt nur noch Russisch zu sprechen. Sie haben ohnehin sofort kapiert, dass es besser ist, kein deutsches Wort mehr in den Mund zu nehmen.

Vorzeichen hatte es längst gegeben, Aber solche kann nur lesen, wer in eine Richtung denkt, in die niemand denken soll und will. 1936, zwei Jahre nach Eröffnung des Kinderheims für Schutzbundkinder, werden die ersten Pädagoginnen ausgewechselt, auch der Heimleiter ist eines Tages plötzlich verschwunden. Niemand weiß, was mit ihnen passiert. Später werden ältere Schüler von grauen Zivilisten, die mit den gefürchteten »Schwarzen Raben« vorgefahren kommen, aus dem Unterricht oder aus dem Speisesaal geholt und nicht mehr gesehen. Gerüchte machen die Runde – von Rückführung nach Österreich ist die Rede. Oder wurden Eltern, die als Politemigranten in der Sowjetunion leben, als Volksfeinde entlarvt, und man will sich den Nachwuchs genauer ansehen? Der allgemeinen guten Stimmung im Heim tut das keinen Abbruch, wenn auch die sensibleren Kinder atmosphärische Störungen wahrnehmen, die sie jedoch nicht benennen und schon gar nicht einordnen können.

Karli macht sich schon nach wenigen Tagen aus dem »Spartak« davon. Er versucht, zum Bruder in der weit entfernten

Fabrik zu gelangen. Er fragt einen Milizionär nach dem Weg, und der ihn nach seiner Adresse. »Spartak-Kinderheim«, stottert Karli, und so endet sein Vorhaben nach kürzester Zeit. Zurück im Heim, erwartet ihn eine »Aussprache« mit dem Direktor, der ihn mit vierwöchigem Hausarrest bestraft und im Wiederholungsfall mit einer Besserungsanstalt weit weg von Moskau droht. Pakt hin oder her – man wird diesen verwöhnten deutschen Fratzen die Flausen schon austreiben.

Ein ganzes Schuljahr lang hält Karli den militärischen Drill und die zahlreichen Bestrafungen wie Verbote von Kinobesuchen, Ausschluss von Ausflügen und so weiter durch. Mit der Entgegennahme des Zeugnisses der siebten Klasse ist seine Schulpflicht beendet, und die Direktion weist ihn als Lehrling dem Werk »Roter Proletarier« zu. Seinem Wunsch, ins Werk »Fräser« zu kommen, wo sein Bruder wohnt und arbeitet, wird nicht entsprochen.

Sein Schlafplatz im Wohnheim liegt direkt über der Schmiede, die den Raum aufheizt. Etwa vierzig verrostete Bettgestelle stehen eng aneinandergereiht. Darauf fleckige Matratzen, die längst ihre Form verloren haben, und ebenso dreckige, schwere, braune Decken. Kein Polster, kein Bettzeug. Der nackte Zementboden ist übersät mit Papirossy-Stummeln. Einige der Jugendlichen schlafen. Andere sitzen an dem langen Holztisch in der Mitte, stieren vor sich hin oder essen Schwarzbrot, das sie mit heißem Wasser hinunterspülen. Manche rauchen. Der Gestank, der in der heißen Luft steht, ist unerträglich. Karli muss einen Brechreiz unterdrücken. Sofort macht er kehrt, wirft seinen Passierschein ins gerade unbesetzte Postenhäuschen und geht eilig davon.

Er ist jetzt ein Straßenkind. Eines von vielen. In jenen Jahren gibt es eine riesige Zahl an obdachlosen Kindern und Jugendlichen, deren Eltern liquidiert wurden oder einfach so verschwunden sind.

Die erste Nacht verbringt Karli im Wartesaal des Leningrader Bahnhofs. Hier wimmelt es vor Menschen mit großen Gepäckstücken, und unter einer Bank liegend ist der schmächtige Bub so gut wie unsichtbar. Am Morgen verkauft er einige Kleidungsstücke aus seinem Köfferchen, um Geld für Essbares zu haben. In den folgenden Nächten wechselt er die Bahnhöfe, immerhin gibt es in Moskau acht an der Zahl. Schließlich verkauft er den Koffer und packt die restliche Habe in seinen Rucksack. Den würde er für keinen Preis verkaufen – es ist jener, den seine Mutter ihm für den Ausflug damals gegeben hatte, ein Ausflug, der immer noch nicht enden will.

Tagsüber streunt er durch Moskau. Die Metro ist billig, und Regentage lassen sich dort unten gut verbringen. Man kann die ganze Stadt befahren und beliebig oft umsteigen. Immer wieder zieht es ihn in das Viertel, wo er schöne Zeiten verbracht hat. Die goldfarbene Tafel mit der eingravierten Aufschrift »Kinderheim Nr. 6 für Schutzbundkinder« war durch ein Stück Karton mit dem handgeschriebenen Namen eines Verlags ersetzt worden.

Einmal trifft er ganz in der Nähe des Heims zufällig einen ehemaligen Zögling, Leopold. Der um ein Jahr Ältere ist, wie er, ein Herumtreiber. Er hat keine Papiere, nur den kühnen Plan, sich demnächst zu Fuß auf den Weg nach Wien zu machen. Leopold hatte sich nie weit aus diesem Stadtteil entfernt. Noch zu Zeiten, als das Heim ihr Zuhause war, hatten mehrere Freunde bei ihren Streifzügen entdeckt, dass man vom Dachboden des Heims auf den Dachboden eines der Nachbarhäuser gelangen kann, und von dort aus sogar zu weiteren Häusern. In einem dieser Räume hatten sie sich heimlich getroffen, um ihre ersten Zigaretten zu rauchen und Karten zu spielen. Schon damals hatten sie es sich mit einer Matratze, ein paar Polstern und einer Kiste als Tischchen gemütlich gemacht. Diesen Raum hat Leopold sich zur Schlafstätte gewählt. Dorthin lädt er jetzt Karli ein. Sie warten die Dunkelheit ab, klettern über die Feuerleiter aufs Dach und von dort durch eine Luke ins Versteck.

Leopold zeigt ihm auch, wie man gratis an Lebensmittel kommt. Dafür nutzt man das in den Läden übliche System, dass die Ware zuerst bezahlt werden muss, bevor man sie ausgehändigt bekommt. Lebensmittel, die abgewogen werden müssen, um den Kaufpreis zu bestimmen, werden eingewickelt auf die Theke gelegt, bis man an der Kasse den genannten Preis bezahlt hat und dann die Quittung gegen die Ware tauschen kann. Das nutzen die beiden für ihren Trick. Sie lassen sich Brot, Butter oder Wurst abwiegen, die Verkäuferin nennt den Preis und legt die verpackte Ware bereit. Während der eine sich an der Kasse anstellt, vorgeblich um zu bezahlen, wartet der andere einen Augenblick der Unaufmerksamkeit der Verkäuferin ab und schnappt sich das Päckchen. Draußen freuen sich die beiden, jetzt für eine Zeitlang versorgt zu sein.

Die Jugendlichen streunen von einem Markt zum nächsten und stehlen Obst. Für ein paar Kopeken, die sie der Reinigungsfrau zustecken, können sie sich in einer der zahlreichen öffentlichen Toiletten waschen.

Noch ist Sommer, und die Burschen machen sich keine Gedanken darüber, dass es auf den Dachböden bald ungemütlich werden wird. Dann kommt der September, und sie spüren, dass sie Winterkleidung und warme Decken brauchen werden.

Woher das Geld nehmen? Leopold hat von einem Straßenkind gezeigt bekommen, wie man Telefonautomaten leicht plündern kann. Mit einem dreißig Zentimeter langen Eisenrohr, in das ein Brecheisen gesteckt wird, lässt sich mit einem Ruck der Automat aus der Wand hebeln. Mit einem Schraubenzieher löst man die Kassette voller Zehnkopekenstücke von der Rückseite. Wenn sie Glück haben, erbeuten sie mit einem Schlag bis zu zwanzig Rubel – eine beträchtliche Summe. Zurück auf dem Dachboden, sitzen sie bei Kerzenlicht und rollen je zwanzig Münzen in Zeitungspapier ein. Im Land mangelt es an Kleingeld, und jede Kasse auf Bahnhöfen oder in Lebensmittelgeschäften wechselt es gerne gegen Scheine.

Mehrmals wird der Sechzehnjährige, der aussieht wie zwölf und mit seinem inzwischen perfekten Russisch und den verschmutzten Kleidern nicht mehr als Ausländer zu erkennen ist, von der Miliz aufgegriffen und in ein Kinderheim geschafft. Karli lässt sich ein paar Tage die einmal mehr, einmal weniger freundliche Betreuung gefallen, dann ist er wieder weg. Sauber eingekleidet und neu beschuht erscheint er auf dem Dachboden, wo sie sich inzwischen ein »Wohnzimmer« eingerichtet haben, mit einer brandgefährlichen Feuerstelle. Aber die Burschen wissen, wie sie über die Dächer der Nachbarhäuser flüchten können im Falle, dass ein Feuer ausbrechen oder ein Trupp Milizionäre anrücken und die Gegend nach ihresgleichen durchsuchen sollte.

Ein Problem ist, dass sie keinerlei Papiere besitzen. Besonders Leopold ist gefährdet, weil man ihm seine siebzehn Jahre schon ansieht und er als Strafmündiger zum Mitführen eines Ausweises verpflichtet ist.

Sie schließen Bekanntschaft mit anderen Herumtreibern.

Die erzählen, dass man sich für kleinere Gefälligkeiten bezahlen lassen kann. Bald schon hat auch Karli ein Einkommen. Klein, dünn und wendig, ist er ideal gebaut, wenn es gilt, durch enge Luken oder Oberlichten in Häuser und Läden zu schlüpfen. Besonders beliebt sind Lager von Lebensmittelgeschäften, die Alkohol verkaufen. Oder Wohnungen von Parteifunktionären, die sich gerade auf Dienstreise befinden. Das Haus wird bewacht, aber die Diebe kommen von oben. Manchmal ist die Beute gewaltig: Teppiche, Pelze, Schmuckschatullen, Gemälde, Plattenspieler werden drinnen an ein Seil gebunden und von einem Komplizen durch das Fenster aufs Dach gezogen.

Seinen Anteil holt Karli sich am jeweils darauffolgenden Abend in einer kleinen, noch aus der Zarenzeit stammenden Kneipe im Keller eines Hauses in unmittelbarer Nähe der berüchtigten Lubjanka, der Zentrale des sowjetischen Geheimdienstes NKWD. Spätestens um 23 Uhr schließen sämtliche Restaurants und Cafés im Land, aber hier versammelt sich Moskaus Unterwelt, um bis in die frühen Morgenstunden zu feiern und das erbeutete Geld beim Kartenspiel, für Alkohol und Sex auszugeben. Karli ist dort seltsam ungemütlich zumute, und so kommt er den Einladungen des Bandenchefs nicht nach, doch noch länger zu bleiben. Der stellt ihn seinen Kumpanen vor, er sei stolz auf seinen jungen Freund Viktor. Jetzt hat Karli seinen Decknamen verliehen bekommen, den er von nun an in diesen Kreisen tragen wird. Schwer legt sich ein muskulöser, über und über tätowierter Arm um seine Schultern. Dieses Lob lässt den schmächtigen Burschen innerlich wachsen. Äußerlich läuft er rot an.

7

Es ist der 31. Mai 1940, ein Freitag. Der Junischnee hat gerade ganz zart zu fliegen begonnen. Ausgerechnet an diesem warmen Tag, der einen langen, trägen Sommer verspricht, muss es passieren: Karli und Leopold werden bei einer Razzia in der Kneipe aufgegriffen. Man vermutet Ausländer, und als solche werden sie von der Miliz sogleich an die Zivilbeamten des Inlandsgeheimdienstes NKWD übergeben. Obwohl die Zentrale des NKWD, die Lubjanka, sich in unmittelbarer Nachbarschaft befindet, werden die Jugendlichen mit »Schwarzen Raben«, diesen gefürchteten Limousinen, die ihre Passagiere oft ins Nirgendwo bringen, abgeholt und in einer höchstens zwei Minuten dauernden Fahrt in den Hof des imposanten Nebengebäudes gebracht.

Die Aufnahmeprozedur findet in mehreren bis an die Decke gekachelten Räumen im Erdgeschoß der Lubjanka statt, die Karli an ein öffentliches Bad erinnern. Taschen leeren, nackt ausziehen, sich in alle Körperöffnungen leuchten lassen. Wieder ankleiden, aber Gürtel und Schuhbänder werden einbehalten. Finger- und Handabdrücke, zuletzt ein Foto von vorne, eines von der Seite. Die NKWD-Leute sprechen nur das Notwendigste und im Flüsterton miteinander. Der inzwischen Sechzehnjährige befolgt den Rat seines Bandenchefs und macht sich um ein Jahr jünger.

Zwei Wachsoldaten führen ihn ab. Aber nicht, wie Karli vermutet, in eine Zelle, sondern – wie er später wissen wird – in die so genannte »Box«, die gerne als Vorbereitung zu einem Verhör benutzt wird. Am Ende eines Ganges öffnet der eine Soldat eine sehr schmale, etwa eineinhalb Meter hohe Metalltür. Der zweite drückt ihn mit dem Rücken voran in eine niedrige Kammer. Die Tür wird zugeknallt, und Karli findet sich in völliger Dunkelheit zusammengekrümmt auf einer steinernen Bank sitzend. Er kann sich weder aufrichten, noch eine andere Position einnehmen. Lediglich seine Stirn kann er gegen das Metall pressen. Der Gestank von Ausscheidungen verstärkt die Angst, ersticken zu müssen. Beine und Arme schlafen ein, Rücken und Nacken beginnen stechend zu schmerzen. Jedes Zeitgefühl geht verloren. Wie es wohl einem Erwachsenen mit einem viel größeren Körper hier drin ergeht, fragt sich Karli unwillkürlich. Nach ein, zwei Aufenthalten würde wohl der Standhafteste alles gestehen, alles unterschreiben, was man ihm vorlegt. Später, im Lager, erzählt ein alter Bolschewik, der vor seiner Verhaftung als Soldat in der Lubjanka tätig war, dass solche Boxen für »prominente« Gefangene »nach Maß« gefertigt wurden. Karlis Beschreibung nach war er sich sicher, es müsse sich um jene Box für den ehemaligen NKWD-Chef Jagoda gehandelt haben, die 1937 eigens für den kleinwüchsigen Mann hergerichtet worden war.

Karli ist eingeschlafen, oder hat er das Bewusstsein verloren? Plötzlich fällt er vornüber durch die geöffnete Tür, direkt in die Arme zweier Männer, die ihn mit routinierten Griffen auffangen, auf die Beine stellen und ihn noch eine Weile stützen. Es wäre ihm sonst unmöglich zu stehen oder auch nur einen Schritt zu tun, er spürt seine Beine einfach nicht. Boden und Wände scheinen sich zu drehen. Es dauert mehrere Minuten, bis die Taubheit vergeht, dann der Schmerz kommt und geht, bis endlich die Muskeln wieder tragen. Die Finger auf dem Rücken verschränkt, führen ihn die beiden Soldaten durch mehrere schmale, dunkle Gänge, die kurioserweise mit dicken, weichen Teppichen ausgelegt sind. Auch das hat seinen praktischen Grund: Die Gefangenen sollen keine Schritte hören können. Weil jetzt aber auch die Wärter nichts hören, schnalzen diese ständig mit den Fingern, um miteinander zu kommunizieren. Keinesfalls dürfen Gefangene einander begegnen. Nähert sich jemand, können die Bewacher ihren Gefangenen rechtzeitig in einen Raum oder eine Nische schieben oder mit dem Gesicht zur Wand drehen. Es gibt eine Vorschrift, die den Verkehr hier regelt: Wer in Richtung Untersuchung unterwegs ist, hat Vorrang. Wer vom Verhör zurückkommt, muss warten.

Karli ist kein Held. Er will alles tun, was von ihm verlangt wird. Er wird jeden verraten. Er wird jedes Geständnis unterschreiben. Nur nie mehr zurück in diese Box!

8

Einer der Bewacher klopft ganz leise an eine Tür und öffnet sie, sobald die Glühbirne darüber aufleuchtet. Der Raum dahinter ist sonnendurchflutet. Karlis an die Dunkelheit gewöhnte Augen sind geblendet. Erst allmählich nimmt die Einrichtung Gestalt an. Hinter dem antiken Schreibtisch, Hinterlassenschaft einer Versicherungsanstalt, die sich einst, in der Zarenzeit, hier befand, empfängt ein liebenswürdig Lächelnder den Gefangenen. Er erhebt sich sogar und weist mit einladender Geste auf einen Stuhl. Der leicht dickliche Oberst – Mitte dreißig, schütteres braunes Haar, frisch rasiert – ähnelt in seiner maßgefertigten Uniform mit dem Schultergehänge den Helden in den Filmen, die mutig den Volksfeinden entgegentreten und sie zur Strecke bringen. »Mit kaltem Kopf und warmem Herzen« lautet der Leitspruch, den der Begründer des Geheimdienstes, Felix Dserschinski, seinen Leuten einst mit auf den Weg gab.

Dieser freundliche Oberst scheint nichts davon zu ahnen, wie Karli die letzten Stunden – oder waren es Tage? – verbracht hat. Auf die Frage, ob er schon etwas gegessen habe, ernten die Wärter einen vorwurfsvollen Blick, und auf eine Handbewegung hin holt einer von ihnen sofort ein Tablett herbei, das bereitgestanden haben musste. Darauf ein Glas Tee, mit Marmelade gesüßt, Weißbrot und ein Stück Wurst. Karli kann nicht anders, als alles heißhungrig zu verschlingen.

Der Oberst kommt zur Sache. In onkelhaftem Ton liest er von einem Blatt die Missetaten der Jugendlichen ab: gröbliche Verletzung der Gesetze des Arbeiter-und-Bauern-Staates, Vagabundieren, Arbeits- und Ausbildungsverweigerung, kein Mitführen von Dokumenten. Er hebt den Blick zu Karli und schweigt ein Weilchen. Es wirkt, als sei der Mann persönlich gekränkt. Dann wird sein Ton ernst: Just dieser Staat, unsere Gemeinschaft der Werktätigen, würde Güte vor Recht walten lassen und sich fortan um seine Umerziehung kümmern. Vorausgesetzt, er würde dieses Entgegenkommen nicht missbrauchen – andernfalls würde er, der Oberst selbst, der sich so für ihn eingesetzt habe, große Unannehmlichkeiten bekommen.

Ein Passierschein wird gestempelt und unterschrieben. Karli wird abgeführt. Auf dem Weg durch lange Gänge, treppauf, treppab verliert sich jede Orientierung. Mehrmals wird der Passierschein überreicht, geprüft, gestempelt, unterschrieben, zurückgereicht. Gürtel und Schuhbänder werden zurückgegeben, sogar das Geld, das Karli in den Taschen hatte. Er wird in einen der zahlreichen Höfe geführt, wo ein junger Mann in Zivil vor einer Limousine wartet. Auch er muss mit seiner Unterschrift die Übernahme des Jugendlichen bestätigen, dann lässt er ihn im Fond Platz nehmen und setzt sich ans Steuer. Auf Karlis schüchterne Frage, wohin die Fahrt gehe, sagt der Fahrer nur »Danilovka«. Den Rest der Fahrt schweigt er, und auch Karli wagt kein Wort mehr an ihn zu richten.

In einem der schönsten ehemaligen Klöster Moskaus ist jetzt die Jugendaufnahmestelle des NKWD untergebracht, und allen Straßenkindern ist dieser Ort ein Begriff. Hierher werden minderjährige Schwerverbrecher gebracht, ebenso Kinder, deren Eltern im Zuge der Säuberungen liquidiert oder in die

Lager Sibiriens verschleppt worden sind. Und eben auch obdachlose Jugendliche, die von der Miliz aufgegriffen werden. Verglichen mit dem Inneren Gefängnis der Lubjanka kommt die Danilovka Karli vor wie ein Kurort. Sofort wird er ins Bad geführt. Erst jetzt bemerkt er beschämt, dass er sich in die Hose gekotet hat. Er kann sich nicht daran erinnern. Es muss während der Bewusstlosigkeit in der Box passiert sein.

Niemand drängt ihn zur Eile, und so zieht er den Aufenthalt im Bad in die Länge und erfreut sich am heißen Wasser. Seine Wäsche reinigt er gleich mit. Weil er nur dieses Gewand besitzt, muss er die nassen Sachen anziehen, als er zum Friseur geführt wird, der ihm den Kopf kahlrasiert. Die nächste Station ist der Fotograf, der ihm eine Tafel mit der Nummer 3 um den Hals hängt und ihn – wieder – von vorne und im Profil ablichtet.

Danach wird Karli in einen Raum geschoben, die Metalltür mit einem lauten Geräusch versperrt. Es ist eine richtige Zelle: ein winziges, vergittertes Fenster knapp unterhalb der Decke, drei Holzpritschen auf der einen Seite, die Parascha – ein stinkendes Holzfass mit Deckel – auf der anderen. Eine seltsam anmutende Gestalt, die auf einer der Pritschen liegt, setzt sich mühsam auf, besieht sich den Neuen und fragt mit heiserer Kinderstimme: »Lang von draußen?«

Karli versteht nicht. Der Zellengenosse – sein Name ist Sascha – bringt ihm seine erste Knastvokabel bei. »Draußen« bedeutet Freiheit. Die letzten drei Monate habe er hier in der Zelle verbracht, weil er für den Hofgang zu schwach sei. Die Haut in Saschas fahlem Gesicht bildet graue Falten, was ihm das Aussehen eines Greises gibt. Oder eines Totenschädels, denkt Karli widerwillig. Der Körper wirkt dagegen wie der eines Neunjährigen. Unmöglich, sein wahres Alter zu erraten. Dreizehn, sagt

Sascha, und vor acht Monaten hätten mitten in der Nacht ein paar Männer seine Eltern geholt, während zwei andere ihn und seine kleine Schwester fortbrachten. Er landete in der Danilovka. Wo die achtjährige Lida geblieben ist, weiß Sascha nicht.

In der ersten Zeit hat Sascha, wie die meisten Kinder hier, auf dem Feld oder im Garten mitgearbeitet und zusätzlich zweihundert Gramm Brot pro Tag dafür erhalten. Dabei hat er sich einmal erkältet und kommt seitdem nicht mehr richtig auf die Beine. Jetzt liegt er tagsüber zusammengekrümmt auf der Pritsche, hustet viel und starrt ins Leere. Man erklärt ihn zum Arbeitsverweigerer und streicht ihm – wie es Vorschrift ist – einen Teil der ohnehin mageren Ration. Als der Husten blutig wird, holt man den Anstaltsarzt. Der verschreibt einen widerwärtig schmeckenden Sirup aus irgendeinem Nadelgehölz und ordnet hundert Gramm Brot und 25 Gramm Zucker zusätzlich an. Den Großteil des Zuckers sammelt Sascha heimlich in einem verknoteten Taschentuch unter seiner Pritsche. Für Lida.

Demnächst wird in der Krankenstation ein Bett frei, dort soll Sascha dann ordentlich behandelt werden. Aber dazu kommt es nicht mehr. Eines Morgens wird – nach einer ungewöhnlich ruhigen Nacht ohne Hustenanfälle – die Leiche des kleinen Greises fortgebracht.

Karli nimmt das Säckchen mit dem Zucker an sich. Ein paar Tage lang rührt er es nicht an. Er nimmt sich vor, er wird nach der kleinen Lida suchen und den letzten Gruß ihres Bruders für sie aufbewahren. Aber schon bald überkommt es ihn, und er isst den ganzen Zucker auf einmal auf. Zurück bleiben vorübergehende Bauchkrämpfe und lang anhaltende Schuldgefühle.

9

Karli bleibt vorerst in der geschlossenen Danilovka. Im Sommer wird er zur Gartenarbeit eingeteilt, im Winter schickt man ihn mit einer Gruppe Jugendlicher in eine Fabrik, wo Schleifmittel hergestellt werden. Auf dem Weg dorthin und zurück werden sie streng bewacht, es bietet sich keine Möglichkeit zur Flucht. Im Dezember haben die Behörden über Karlis weiteres Schicksal entschieden. Er wird nach Tscheljabinsk, eine Großstadt im Uralgebirge, überstellt.

Dort erwarten ihn eine Besserungsanstalt für Jugendliche, Arbeitsdienst und zusätzlich noch die Berufsschule. Der verwilderte Bursche tut sich schwer, in einer Klasse ruhig zu sitzen und Inhalte aufzunehmen, die so gar nichts mit dem Leben, wie er es zuletzt in Freiheit geführt hat, zu tun haben. Von hier abzuhauen wäre ein Leichtes, aber er hat keine große Lust, den Winter in der unbekannten Wildnis – als eine solche erscheint ihm sein neuer Wohnort – auf sich allein gestellt zu verbringen. Eines Tages taucht sein Freund Leopold auf. Karli ist überglücklich über diese Wiederbegegnung.

Die Glückssträhne scheint weiterzuwirken. Anfang des Jahres 1941 sollte sein Aufenthalt in Tscheljabinsk überraschenderweise ein Ende finden. Nach der letzten Unterrichtsstunde an einem Dienstag wollen Karli und Leopold die Schule verlassen, da stellt sich ihnen ein Zivilbeamter entgegen, der sich als

Zweiter Sekretär des Gebietskomitees der MOPR ausgibt und die Anweisung hat, sie unverzüglich in seine Dienststelle zu bringen. Jeder Versuch, auf dem Weg dorthin etwas aus dem Mann im grauen Pelzmantel herauszubekommen, prallt an dessen beharrlichem Schweigen ab.

Im Sekretariat ist eine Order des ZK der MOPR eingegangen, Karl A. und Leopold W. zur Abreise nach Moskau bereitzumachen. Es kostet Karli Mühe, sich die Freude nicht anmerken zu lassen. Nach Moskau! Nach Moskau! Egal, was sie mit uns vorhaben, nur weg von hier. Freunde treffen. Endlich den Bruder wiedersehen. Vielleicht doch bei der deutschen Botschaft die Heimreise beantragen? Schließlich trägt er nicht den jüdischen Namen seines Vaters, sondern den seiner Mutter aus erster Ehe. Er würde sich schon irgendwie durchschummeln.

Unmöglich, von ihrem schweigsamen Begleiter oder im Sekretariat eine klare Antwort zu bekommen auf die einfachsten Fragen: was, warum, wohin? Die Jugendlichen erfahren nicht, was man mit ihnen vorhat. Das Wort »Lehrgang« wird aufgeschnappt. Das Wort »Politemigranten«. Daraus kann, wer will, herauslesen, dass man wohl eine Verwendung für die Deutsch Sprechenden hat, womöglich eine Ausbildung beim Geheimdienst? Ist der Nichtangriffspakt vielleicht nur eine raffinierte Strategie des großen Führers Stalin gewesen? Würde man jetzt endlich den faschistischen Feind Hitler bekämpfen können? Oder hat man sich nun doch dazu entschlossen, die jungen Österreicher in der Roten Armee aufzunehmen? Dieses Ansinnen wurde Karli kürzlich verwehrt mit der Begründung, er sei noch zu jung, und außerdem brauche die Armee anständige Leute, keine straffällig gewordenen Herumtreiber.

Die Genossen in Tscheljabinsk schämen sich der äußeren

Erscheinung ihrer Zöglinge, was wird man in Moskau davon halten, wie abgerissen die Politemigranten hier herumlaufen müssen? Sofort schickt man die beiden in Begleitung einer Sekretärin zum Schneider. Der soll Maß nehmen, alles andere liegen und stehen lassen und bis übermorgen zwei Anzüge nähen, mit denen sie sich in der Hauptstadt sehen lassen können.

Der Schneider ist verzweifelt. Wie soll er einen Befehl der Partei ausführen, wo doch in der ganzen Gegend kein Stück Stoff aufzutreiben ist, höchstens auf dem Schwarzmarkt. Die Preise dort sind kriminell und belasten die Gebiets-Parteikasse erheblich.

Am nächsten Morgen melden sich die beiden Burschen, wie befohlen, bei der Direktorin der Schule ab, erhalten ein provisorisches Zeugnis und gehen direkt zur Anprobe. Als sie danach schließlich beim Gebietskomitee eintreffen, wartet wieder ein Telegramm aus Moskau mit einer neuen Überraschung: »W. und A. verbleiben vorerst an Ort und Stelle. Näheres folgt. ZK MOPR.«

Zurück zur Schule, neuerliche Einschreibung. Die Enttäuschung verdauen. Beim Schneider hängen die Anzüge, für die es jetzt keine Verwendung mehr gibt und also wieder dem Schwarzmarkt zugeführt werden. Die Burschen werden herauswachsen, ohne sie ein einziges Mal getragen zu haben.

Wie gerne würde er jetzt mit Slavko sprechen. Der ältere Bruder ist viel klüger, weitsichtiger, besonnener als Karli. Ob auch er sich Gedanken darüber macht, wie alles gekommen ist? Ob auch er begonnen hat zu zweifeln? Ob auch er denkt, dass sich die Eltern vielleicht zu viel mit Politik befasst haben? Dass sie womöglich das Wohlergehen ihrer Kinder nicht an die erste

Stelle ihrer Überlegungen gestellt haben? Dass sie sich von verführerischen Ideen, schönen Theorien, charismatischen Männern in die Irre haben führen lassen? Dass ihnen das Politisieren unter Freunden und das Planen des »letzten Kampfes« mehr Freude bereitet als der Umgang mit ihren Kindern? Wie konnten sie sich sonst so leichtfertig von ihnen trennen? Es scheint überhaupt eine Art Krankheit dieser Generation zu sein. Nein, ich will ihnen keinen Vorwurf machen, sie haben sicher nur das Allerbeste gewollt, auch für ihre Kinder. Gerade für ihre Kinder. Wo galoppieren meine Gedanken nur hin? Wenn ich nur mit Slavko reden könnte …

Das Schuljahr geht weiter, und als es zu Ende ist, ereignet sich schon wieder Unerhörtes. Das vermeintlich verbündete Deutschland dringt im Juni 1941 mit seiner Wehrmacht in die Sowjetunion ein. Über Nacht sind viele der deutschsprachigen Emigranten unerwünschte Personen, und sehr bald darauf werden etliche von ihnen gar zu Volksfeinden erklärt. Moskau definiert Quoten – wie für die Produktion von landwirtschaftlichen und industriellen Gütern, wie für die Zuteilung von Kalorien bei der Volksernährung, so jetzt auch für die Anzahl von zu verhaftenden Personen. Karli und Slavko werden in diese Kategorie fallen.

10

Der Sommer ist da, und für Karli, der sich mit Wehmut an lange, glückliche Ferientage am Meer erinnert, gibt es keine Ferien mehr. Nicht einmal Urlaub. Die Arbeit in der Metallfabrik geht weiter, und sogar der Besuch der Berufsschule ist im Sommer Pflicht.

Im August hält ihn nichts mehr, Karli packt die wenigen Habseligkeiten in seinen Kinderrucksack und haut ab. Bis in die Stadt Swerdlowsk schafft er es, das sind gerade einmal zweihundert Kilometer. Dort greift ihn die Miliz auf und bringt ihn zurück nach Tscheljabinsk.

Es nützt ihm nicht zu behaupten, er hätte sich bei der Zentralen Militärbehörde als Freiwilliger zur Front melden wollen, um in der Roten Armee gegen Hitler zu kämpfen. Es wird Anklage erhoben, und der Fall wird vor dem Dritten Volksgerichtshof der Stadt Tscheljabinsk verhandelt. Wegen eigenmächtigen Verlassens der Berufsschule und des Arbeitsplatzes lautet das Urteil: sechs Monate Jugendstrafe, abzuleisten in einer Arbeits-Besserungsanstalt. Strafbeginn: 11. August 1941, Strafende: 10. Februar 1942.

Der wahre Grund für sein Ausbüchsen war die unerträgliche Sehnsucht nach seinem Bruder Slavko. Warum schreibt er nicht mehr? Hat er meinen Brief mit der neuen Adresse nicht erhalten? Hat er Besseres zu tun? Hat er mich vergessen? Wohnt er womöglich gar nicht mehr in Moskau? Ist er jetzt wieder bei der Mutter in Wien? Dann will ich aber auch dort sein.

Der 10. Februar 1942 kommt, jedoch Entlassung gibt es keine. Ob das daran liegen mag, dass man nicht weiß, wohin mit dem jungen Mann – es gibt schließlich keine Unterkünfte. Nach Tscheljabinsk wurden etliche Betriebe evakuiert, samt Belegschaften, Tausende von Menschen. Der Krieg tobt, und man hat andere Sorgen? Oder weil man es hier mit einem »Deutschen« zu tun hat?

Für Karli geht der Alltag fast weiter wie bisher. Weil er jetzt die Berufsschule nicht mehr besucht, wird er zur Wechselschicht eingeteilt. Er hat um sechs Uhr morgens oder zwei Uhr mittags als Hilfsarbeiter in der Fabrik anzutreten, wo in Friedenszeiten Metallteile für Gebäude und Brücken hergestellt werden, derzeit aber vor allem Gegenstände und Gerätschaften für das Militär. Die Mahlzeiten werden rationiert, die Qualität der Nahrungsmittel ist miserabel, und Karli hat sich längst der Hunger als langjähriger Begleiter beigesellt. So bleibt neben der körperlich auszehrenden Arbeit und der Mangelernährung nur der Schlaf im überbelegten Saal für jugendliche Straftäter. Mehrere Monate lang gibt es nur Zugänge. Wo sollten die Entlassenen auch hin? Schließlich teilen sich vier Burschen ein Bett, in dem sie – je nach Arbeitsschicht – zu zweit schlafen. Niemals steht ein Bett leer. Es ist der einzige Ort zum Lesen, zum Kartenspielen, zum Warten auf bessere Zeiten.

Gegen Ende des Sommers 1942 scheint endlich Bewegung in die Sache zu kommen. Viele Insassen werden in Gruppen aufgeteilt und mit Bussen und Lastwagen weggebracht. Die Behörden scheinen endlich erkannt zu haben, dass – nachdem die

Neuzugänge nur noch auf dem Fußboden einen Schlafplatz finden – die Kapazität dieser Besserungsanstalt längst überschritten ist.

Erst jetzt, auf der Ladefläche eines Lastwagens sitzend, bewacht von zwei Soldaten, entdecken Karli und drei weitere Jugendliche, dass alle vier Deutsch sprechen. Sie haben diese Tatsache bisher tunlichst vor allen verheimlicht.

Die Burschen sind auf eine lange und beschwerliche Fahrt gefasst – natürlich hat ihnen niemand mitgeteilt, wohin man sie bringen würde. Zu ihrer Überraschung sind sie nach höchstens zwanzig Minuten bereits am Ziel. Sie haben die Stadt nicht verlassen, und nun wird ihnen mitgeteilt, dass sie auch weiterhin für das Maschinenbaukombinat Tscheljabinsk arbeiten werden. Nur liegt ihre Unterkunft jetzt in einem separierten Areal, das mit Stacheldraht bewehrt und von Soldaten bewacht ist. Die Brigade, der sie fortan zugeteilt sind, trägt die Nummer 7.

In dieser Zone leben fast ausschließlich »arbeitsmobilisierte Deutsche«. Es sind zumeist Nachfahren jener Bewohner von Gegenden an der Wolga und in Kasachstan, die Zarin Katharina einst für die Besiedelung durch Bauern und Handwerker aus ihrer alten Heimat bereitgestellt und mit erfolgreicher Propaganda zahlreiche Auswanderer angelockt hatte. Nach der Revolution erhielten die verschiedenen Volksgruppen in der Sowjetunion wenige Jahre lang Autonomie. Jetzt sind diese Deutschen nur noch Angehörige des Feindes. Sie haben außerdem den Ruf, gute Arbeitskräfte zu sein.

Wenige Tage nach seiner Überstellung zum Bautrupp der Brigade Nummer 7 ist Karlis achtzehnter Geburtstag. Nach dem Gesetz wird er damit volljährig. Er hat sich inzwischen daran gewöhnt, sich um ein Jahr jünger gemacht zu haben.

Keiner sagt ihm, welchen Status er eigentlich hat. Ist er immer noch ein Gefangener? Ohne verurteilt zu sein? Wird er womöglich »in Schutz« gehalten, vor dem Volkszorn etwa, den die Russen angeblich auf alles Deutsche entwickelt haben? Antworten gibt es keine, auch keine Nachrichten über die Lage in der Welt oder über den Fortgang des Krieges – wovon alles Weitere abzuhängen scheint.

Die Monate kommen und gehen. Karli hat jetzt eine eigene Bettstatt. Sonst ändert sich nichts. Stacheldraht und Wachtürme haben keine Bedeutung. An Flucht denkt er nicht. Er schreibt an Slavko in Moskau. An die frühere Adresse in Wien, wo vielleicht jemand weiß, ob und wo die Mutter lebt. An die Großeltern im mährischen Buchlovice. Er bekommt keine Antworten.

Im Februar 1943 erkrankt er schwer. Er fiebert hoch, bekommt Atemprobleme und verliert immer wieder das Bewusstsein. Der Arzt diagnostiziert eine Lungenentzündung und lässt ihn auf die Krankenstation verlegen. Sobald das Fieber gefallen ist und die wiederhergestellte Arbeitsfähigkeit attestiert werden kann, wird Karli abgeholt und direkt in eine Einzelzelle gebracht. Er hält das für eine Verwechslung, die sich bald aufklären wird. Es ist der 5. März 1943.

Derweil wird draußen behördlicherseits eine Akte angelegt. Sie trägt die Nummer 1101 und wird im Verlauf der nächsten sechs Monate auf 140 Seiten anwachsen.

Ein Verfahren vor einer so genannten Sonderberatung beim Volkskommissariat für Innere Angelegenheiten der UdSSR wird am 14. März 1943 eröffnet und ein Jahr darauf geschlossen.

Nach zwei Wochen Isolation wird der Beschuldigte zu seinem ersten Verhör geführt.

11

BESCHLUSS

Tscheljabinsk, 20. März 1943

Als Operativer Bevollmächtigter der Operativen Abteilung des NKWD/UdSSR beim Metallbaubetrieb Tscheljabinsk – GARN habe ich gegen den an die hiesige Abteilung überstellten ARNAUTOVIĆ Karl Karlowitsch, geb. 1925 in Wien (Österreich), Österreicher, parteilos, nicht vorbestraft, Grundschulabschluss, Beruf Elektromonteur, ledig, Arbeitsmobilisierter des 7. Bautrupps TschMS NKWD UdSSR, zu ermitteln.

BESCHULDIGUNG

ARNAUTOVIĆ K. K. ist Mitglied einer konterrevolutionären Gruppe, die unter den arbeitsmobilisierten Deutschen systematisch konterrevolutionäre und defätistische Agitation betreibt und provozierende Gerüchte verbreitet.

Um zu verhindern, dass ARNAUTOVIĆ K. K. sich der gerichtlichen Verfolgung entzieht, wird der Arrest angeordnet gemäß Artikel 146 Strafgesetzordnung der RSFSR, was dem Beschuldigten gegen Unterschrift auf gegenständlichem eschluss mitgeteilt wird.

Gemäß Artikel 160 Strafgesetzordnung der RSFSR wird eine Kopie dieses Beschlusses dem Staatsanwalt und dem

Gefängnisdirektor zur Ablage in der Personalakte übermittelt.

Unterschriften: Operativer Bevollmächtigter GARN
Leiter der Operativen Abteilung, Oberleutnant der Staatssicherheit PIPIKOW
Stellv. Leiter der Operativen Abteilung, Oberleutnant d. Staatssicherheit LOBATOW
»Genehmige«
Oberst der Staatssicherheit KURPAS
»Sanktioniere den Arrest«
Staatsanwalt GRISCHIN
Gegenständlicher Beschluss wurde von mir zur Kenntnis genommen am 21. März 1943
Unterschrift: Arnautović

DURCHSUCHUNGSPROTOKOLL
Tscheljabinsk, 21. März 1943
Als Operativer Bevollmächtigter GARN habe ich in Anwesenheit des Zeugen Obukow Wassili Petrowitsch, Leiter der Kaserne, gemäß §§ 175–185 Strafprozessordnung eine Durchsuchung bei Arnautović Karl Karlowitsch durchgeführt. Es wurde nichts gefunden und nichts beschlagnahmt.

1. VERHÖRPROTOKOLL
Das Verhör beginnt am 21. März 1943 um 17:30 Uhr.
Der Beschuldigte Arnautović Karl Karlowitsch wird gemäß Paragraph 95 des Strafgesetzbuchs der RSFSR belehrt.

> *Frage: Wann und woher kamen Sie zur 7. Arbeitsbrigade der Maschinenfabrik des NKWD in Tscheljabinsk?*

Antwort: Zur 7. Arbeitsbrigade TschMS NKWD kam ich im Oktober 1942 aus der 5. Arbeitskolonie. Dort befand ich mich, um eine sechsmonatige Strafe abzubüßen.

Frage: Für welches Vergehen wurden Sie verurteilt?

Antwort: Ich wurde verurteilt wegen des eigenmächtigen Entfernens aus der Berufsschule.

Frage: Warum haben Sie sich eigenmächtig aus der Berufsschule entfernt?

Antwort: Aus der Schule habe ich mich entfernt, weil ich zu meinem Bruder fahren wollte, der in Moskau lebt.

Frage: Wo leben Ihre Eltern?

Antwort: Meine Eltern leben derzeit im Ausland. Mutter lebt in Wien/Österreich, und Vater in England, wohin er bei der Okkupation der Tschechoslowakei durch Deutschland gefahren ist.

Frage: Durch welche Umstände sind Sie in die UdSSR gekommen?

Antwort: In die Sowjetunion bin ich im August 1934 gekommen mit einem Transport von Schutzbundkindern aus Österreich in ein Kinderheim in Moskau.

Frage: Sie haben in der Arbeitsbrigade konterrevolutionäre Tätigkeiten ausgeführt. Beschreiben Sie diese genauer.

Antwort: Ich habe keinerlei konterrevolutionäre Tätigkeit ausgeführt, deshalb kann ich darüber auch nichts aussagen.

Frage: Ihre konterrevolutionäre Einstellung ist bekannt, daher ist es sinnlos zu leugnen.

Antwort: Ich habe keinerlei konterrevolutionäre Tätigkeit ausgeführt, deshalb kann ich darüber auch nichts aussagen.

Das Verhör endet um 20 Uhr.
Das Protokoll wurde mir vorgelesen, ich bestätige den Wortlaut. Unterschrift: Arnautović
Verhörender: Operativer Bevollmächtigter TschMS NKWD UdSSR. Unterschrift: Garn

2. VERHÖRPROTOKOLL
Das Verhör beginnt am 2. April 1943 um 10:30 Uhr.

> *Frage: Unter den arbeitsmobilisierten Deutschen der 7. Baubrigade haben Sie konterrevolutionäre Reden geführt und agitiert, daher rät Ihnen die Anklage, Ihr Leugnen aufzugeben und die Wahrheit zu sagen.*

Antwort: Konterrevolutionäre defätistische Aussagen unter den Arbeitsmobilisierten.

> *Frage: Beschreiben Sie Ihre konterrevolutionäre Tätigkeit genau.*

Antwort: Meine konterrevolutionäre Tätigkeit bestand darin, dass ich gegenüber den Arbeitsmobilisierten konterrevolutionäre defätistische Aussagen tätigte, mit den Arbeitsmobilisierten Petersch Ivan Jakowlewitsch und Krause Genrich Karlowitsch, die in meiner Brigade arbeiteten.
Anfang August erzählte Petersch, dass, wenn Hitler kommt, das den deutschen Arbeitsmobilisierten helfen wird. Dem stimmte ich zu und ergänzte: Wenn Adolf Karlowitsch (Hitler) kommt, wären ihm die arbeitsmobilisierten Deutschen sicher behilflich, und Krause stimmte zu und sagte, dass hier in Tscheljabinsk von der Spionage-Gruppe Deutschland sehr gut zugearbeitet werden würde, worauf ich antwortete, tatsächlich arbeiten »unsere« gut. Mit dem Wort »unsere« meinte ich das deutsche Österreich.

Frage: Erklären Sie, warum sich bei Ihnen feindliche Einstellungen gegenüber der Sowjetmacht gebildet haben.

Antwort: 1942 habe ich gemeinsam mit Petersch Ivan Jakowlewitsch in der 7. Baubrigade gearbeitet. Dort führte er unter den Arbeitsmobilisierten konterrevolutionäre Gespräche, in denen er sagte, die Sowjetunion würde den Krieg verlieren und die Sowjetmacht würde enden. Ich war unzufrieden mit dem herrschenden Zustand und der Ernährung im Lager, darum entwickelte sich bei mir eine feindliche Einstellung gegenüber der Sowjetmacht, und diese feindliche Einstellung habe ich systematisch zum Ausdruck gebracht. Im August ging ich neben Krause G. K. zur Arbeit, als ein Flugzeug über uns hinwegflog. Ich sagte: »Wenn ich in diesem Flugzeug sitzen könnte, ich würde den gesamten Tscheljabinsker Metallurgiekomplex ausbomben.«

Frage: Was ist Ihnen über die konterrevolutionäre Tätigkeit des Krause G. K. bekannt?

Antwort: Ich habe öfters hören können, wie Krause sagte, dass Deutschland nach dem Sieg über die Sowjetunion jeden von uns fragen wird, womit wir ihnen zu diesem Sieg verholfen haben. Krause sagte, er könne dann sagen, dass er in der Roten Armee gewesen sei und in die Luft geschossen und keinen einzigen Deutschen getötet habe. Außerdem sagte Krause, dass er sich mit seinem Freund Wiebe verabredet hat, zu den deutsch-faschistischen Streitkräften überzulaufen. Jedoch war ihm das nicht möglich, weil er verwundet wurde.

Das Verhör endet um 12:30 Uhr.
Unterschriften: Arnautović und Garn

3. VERHÖRPROTOKOLL (handschriftlich)
Beginn des Verhörs: 2. April 1943, 16:00 Uhr

Frage: Sie werden beschuldigt, Mitglied einer konterrevolutionären Gruppe gewesen zu sein und unter den arbeitsmobilisierten Deutschen systematisch konterrevolutionäre defätistische Agitation betrieben und provozierende Gerüchte verbreitet zu haben. Bekennen Sie sich dessen schuldig?

Antwort: Ich gestehe in vollem Ausmaß meine Schuld, als ehemaliger Arbeitsmobilisierter beim Bau des Tscheljabinsker Metallverarbeitungsbetriebs des NKWD UdSSR Mitglied einer konterrevolutionären Gruppe gewesen zu sein, unter den arbeitsmobilisierten Deutschen systematisch konterrevolutionäre defätistische Agitation betrieben und provozierende Gerüchte verbreitet zu haben.

Ende des Verhörs: 17:00 Uhr
Das Protokoll wurde mir vorgelesen und gibt meine Worte vollständig wieder. Unterschrift: Arnautović
Verhörender: Operativer Bevollmächtigter
Unterschrift: Garn

12

Aus dem Protokoll Nr. 50 der Sonderberatung beim Volkskommissariat für Innere Angelegenheiten der UdSSR vom 21. August 1943

BESCHLUSS
Wegen antisowjetischer Agitation ist ARNAUTOVIĆ Karl Karlowitsch für die Dauer von ZEHN Jahren, beginnend mit dem 21. März 1943, in einem Arbeits-Besserungslager zu internieren.
Die Untersuchungshaft wird angerechnet. Entlassungstag: 5. März 1953.

Am 30. August 1943 trifft Karli in Norilsk ein. Die im Norden Sibiriens gelegene, erst vor einem Jahrzehnt aus dem Boden gestampfte Stadt bildet ein Industriezentrum. Das Gestein rundherum birgt wertvolle Bodenschätze, und Verurteilte sind billige Arbeitskräfte. Die Erde lässt sich ihre Kostbarkeiten nicht leicht wegnehmen. Die Gewinnung wie die Verarbeitung der Metalle ist schwer, schmutzig, gefährlich. Den Erzen entsteigen beim Schmelzen giftige Gase. Das Schürfen, Transportieren und Raffinieren wird ausschließlich Strafgefangenen zugemutet. Ebenso wie der Bau ihrer eigenen Unterkünfte und Betriebsstätten.

Die ersten Wochen sind die lebensgefährlichsten. Gestorben wird auch später – an Auszehrung, Erschöpfung, Krankheiten. Aber die vielen Selbsttötungen passieren in der allerersten Zeit, wenn einen die Erkenntnis trifft wie ein harter Schlag auf den Kopf: Hier endet das Menschlichsein, und damit das Menschsein.

Wer dieses Stadium überlebt – wer weiß schon, warum, aus Feigheit oder Zufall oder Mangel an Gelegenheit –, gerät in den dumpfen Modus des Überlebens. Mitleid, Anstand, Rücksichtnahme sind keine Kategorien mehr. Unter den Gläubigen – ganz gleich, woran sie glauben, an einen Gott, die Natur, an das Gute, eine Ideologie – ist die Selbstmordrate am höchsten.

13

Die erste Zeit im GULag ist für Karli gar nicht so schlimm, wie er befürchtet hatte. Die Insassen üben Schonung am »Welpen« – das ist nur eines jener unzähligen Gesetze hier. Neuankömmlingen wird eine kurze Frist eingeräumt, in der sie diese Gesetze kennenlernen und verinnerlichen können.

Der junge Mann kapiert schnell, wer ein Anführer ist, wer ein Untergebener, Zuträger, Ausführender. Er muss sich nicht gleich entscheiden, aber bald kommt unweigerlich der Tag. Wem schließe ich mich an, welche Gruppe ist die richtige für mich? Wer hat die größte Macht? Wer gewährt mir den besten Schutz? Was habe ich im Austausch zu bieten?

Karli ist klein und mager – Körperkraft, die eine gute Währung sein könnte, besitzt er also nicht. Aber Kraft ist nach drei Wochen Arbeit in der Mine oder in der Gießerei ohnehin verbraucht, und nun erweist sich der kleine Körper sogar als besser überlebensfähig – schließlich ist die Kalorienmenge normiert.

Es kommt selten vor, dass ein nach Paragraph 58, also politisch Verurteilter in die Reihen der Kriminellen aufgenommen wird. Hier liegt der Fall etwas anders. Karli hat sich bereits – trotz seines jugendlichen Alters – einen nützlichen Ruf erworben. Und weil die Kommunikation bestens funktioniert in der Welt der so genannten Diebe im Gesetz, kann er mit dem Nennen seines Decknamens eine Kette in Gang setzen. Einer spricht mit dem anderen, der fragt einen Dritten, der verweist auf einen Vierten, und als die Antworten wieder beim Ersten eintreffen, ist Karlis Behauptung verbrieft – ohne dass es eines einzigen Blattes Papier bedurfte: Das ist einer von uns. Der Kleine hat draußen für den Soundso gearbeitet, und der war zufrieden mit ihm. Sein Clan-Name, Viktor, wird ihm überall, wohin es ihn in den kommenden Jahren auch verschlagen wird, erhalten bleiben und seine Ganoven-Identität bestätigen. Als weitere Erkennungszeichen kommen nach und nach bestimmte Tätowierungen hinzu, die etwas über seine Etappen in der Hierarchie der Diebe im Gesetz und über seinen Status aussagen. Aber den muss er sich erst erwerben. Die Bilder des ersten Mords, den er als Aufnahmeritual begehen muss, werden ihn bis ins Alter verfolgen. Da wird er sich zwar mithilfe von Tabletten ins Vergessen schlafen können, aber wenn die Betäubung nachlässt, tauchen jene Bilder immer wieder auf.

Das andere Bild, das ihn sein Lebtag verfolgt, ist real. Jedes Mal, wenn er vor einem Spiegel das Hemd auszieht, fliegt ihn ein Adler mit aufgerissenem scharfen Schnabel an, der über seine gesamte Brust, von Achsel zu Achsel, von den Schulterblättern bis hinunter zum Nabel, tätowiert ist. Kein Zweifel: Hier war ein Meister am Werk. Die Klauen wirken, als würden sie dem Betrachter direkt ins Gesicht fahren und ihm die Haut zerfetzen wollen. Mit den Jahren wird das Blau verblassen, und nach einer Magenoperation wird der Vogel wegen der Narbe leicht aus der Symmetrie geraten. Die Wirkung wird dadurch wenig gemildert, und Karl tut alles, damit niemand seine Schande zu sehen bekommt. Niemals wird man ihn mit nacktem Oberkörper in der Öffentlichkeit sehen. Ob im Freibad, am Meer oder bei schweißtreibender Arbeit – er wird stets ein Unterhemd tragen.

14

Karl versucht so oft wie möglich, als Sanitäter arbeiten zu können. Begehrt ist dieser Job deshalb, weil es in der Krankenstation, beim Leichenwaschen oder beim Latrinenputzen, ein Dach über dem Kopf gibt und jeder Tag, bei tiefen Minusgraden nicht im Freien verbracht, einen Überlebenstag bedeutet. Warum unter Umständen, die für die Lebenden unerträglich sind – Schmutz, Parasiten, unzureichende Kleidung –, die Toten gewaschen und angekleidet werden, bevor man sie verscharrt oder bis zum Frühjahr im Schnee ablegt, kann sich damals wie heute niemand erklären. Hat es etwas zu tun mit dem Respekt vor dem Tod, einem Aberglauben, oder vollzieht man einfach mechanisch ein althergebrachtes Ritual? Vor dem Leichnam selbst hat man längst keinen Respekt mehr, so wenig wie vor dem Lebenden, der er einmal war. Seine Besitztümer – so noch irgendetwas übrig ist – nehmen die Sanitäter an sich. Die Gewänder, in denen der Tote auf seine letzte Reise geschickt wird, werden spätestens jetzt getauscht – wenn nicht längst schon vorher ein anderer dem Geschwächten Mütze und Fußlappen gestohlen hat.

Karl erzählt später von seinen Erlebnissen im GULag. Er trifft dabei eine Auswahl. Seinen Kindern kommt es vor, als würde er hauptsächlich die »lustigen« Begebenheiten erzählen.

Wie er einmal, als Sanitäter, mit Hilfe eines Mitgefangenen

vier Verstorbene so platziert, dass die Ärztin beim Betreten des Raumes die am Tisch sitzenden, rauchenden und Karten spielenden Kerle wütend anschreit. Sie hält sie für Häftlinge, die sich ausruhen, während sie seit Tagen vor lauter Arbeit keine Minute Schlaf gefunden hat. Aber die Männer reagieren nicht, starren weiterhin auf ihre Karten, während der Rauch der Zigaretten zwischen ihren Fingern zur Decke steigt. Die Ärztin tritt hinzu und fasst einen an der Schulter. Der fällt polternd vom Stuhl.

Sie ist schwer geschockt. Doch erstaunlicherweise nimmt sie es nicht übel, ja, es bringt dieser Streich Ärztin und Sanitäter einander näher. »Im Lager muss ein Mann erfindungsreich sein, um einer der wenigen Frauen überhaupt aufzufallen«, beendet Karl seine Anekdote.

Eine andere Erzählung dreht sich um einen Fluchtversuch, den Karl gemeinsam mit dem deutschen Häftling Günther plant. Beide sind als Holzfäller eingesetzt. Man wartet auf den Frühling, wenn der Schnee getaut und die Temperaturen nicht mehr tödlich sein würden. Die Brigade, der die beiden Männer zugeteilt sind, gelangt nach einem zweistündigen Fußmarsch an ihren Arbeitsplatz. Das Wachpersonal bindet Stoffbänder um einige Bäume und markiert damit den Bereich, der keinesfalls verlassen werden darf, nicht einmal zum Pinkeln. Beim Überschreiten riskiert man, erschossen zu werden. Die Arbeit beginnt. Zwei sollen sich zum Feuermachen melden, eine ungeliebte Tätigkeit, weil die Essensration kleiner ist. Karl und Günther melden sich. Als Einzige dürfen sie zum Sammeln von Kleinholz die markierte Grenze übertreten.

Am gefährlichsten würden die ersten Meter sein. Weit sind sie trotzdem nicht gekommen. Sie haben nicht damit gerechnet, dass die Erde nach dem Winter so aufgeweicht und sumpfig ist, dass man an manchen Stellen bis zu den Hüften darin versinkt. Als die Dämmerung einsetzt, kehren sie um. Sie fehlen beim Appell. Sie reden sich auf einen Schwächeanfall des einen aus, und dass sie sich verirrt hätten. Geglaubt wird ihnen nicht. Die Strafe fällt erstaunlich milde aus – ein Tag Karzer bei Wasser und etwas Brot. Moskau macht Druck auf die Lagerleitung, die Pläne werden nicht erfüllt, man braucht lebende, arbeitende Männer.

Die beiden nehmen sich vor, es im Herbst wieder zu versuchen. Aber Karl macht, als es so weit ist, einen Rückzieher und will den Deutschen ebenfalls abhalten. Aber der ist entschlossen, die Flucht notfalls allein zu wagen.

Sobald sein Fehlen auffällt, spätestens beim Appell, würde man sofort Karl zum Verhör holen. Der will keinesfalls etwas von Günthers Plan verraten. Seit Kriegsbeginn ist eine neue Regel in Kraft, der zufolge dem verhörenden Personal der Einsatz physischer Gewalt erlaubt ist. Es geht Karl dabei mitnichten um den Kameraden – Werte wie Solidarität oder Mitgefühl waren den Menschen im Lager längst ausgetrieben. Aber eine Verurteilung als Fluchthelfer hätte ihm weitere Lagerjahre eingebracht. Also holt sich Karl aus der Krankenstation Nadel und Faden und näht sich mit einigen groben Stichen den Mund zu. Als Sanitäter kennt er sich aus. Durch die Lippen zu stechen wäre unerträglich schmerzhaft. Darüber und darunter liegen weniger Nerven.

Sein Verhör wird vertagt, und Karl fasst zwei Tage Karzer aus, an denen er wegen des verschlossenen Mundes zum Hungern und Dursten gezwungen ist. Die Ärztin Tamara – ebenjene, die er mit seinem Streich so erschreckt hatte und die ihn im vorigen Winter von einer Schneeblindheit heilte, indem sie ihn zwang, rohe Leber von wer weiß welchem Tier zu essen – entfernt die Nähte und päppelt ihn auf, so gut sie es vermag. Die winzigen Narben würden im Alter wieder sichtbarer werden, als helle Punkte.

Tamara – ein Name, der in Karls Erzählungen oft vorkommt, und es schwingt etwas mit, das seine zuhörenden Kinder nicht richtig einordnen können – doch nicht etwa Zärtlichkeit? Seine zehnjährige Tochter findet den Klang dieses Namens so schön, wie eine Melodie, dass sie beschließt, eine zukünftige Tochter so zu nennen.

Die aus Georgien stammende, dunkelhaarige Medizinerin wird als Ehefrau eines in Ungnade gefallenen und erschossenen hohen Militärs als »Freie« verbannt. Ihr werden im Laufe der Jahre Arbeitsplätze in verschiedenen Straflagern zugewiesen. Fast drei dieser Jahre verbringt sie als leitende Ärztin der Krankenstation des Iwdel-Lagers im Nordural. Hier sind viele arbeitsmobilisierte und nach Paragraph 58 verurteilte Deutsche aus anderen Lagern konzentriert.

Eines Tages ist Tamara verschwunden. Eine andere Ärztin hat ihren Platz eingenommen. Jeder Versuch Karls, ihren Aufenthaltsort zu erfahren oder sie später, nach seiner Entlassung, wiederzufinden, bleibt erfolglos. Die stahlharte Schale, die ihm im Lager gewachsen zu sein scheint, wird nur beim Aussprechen dieses Frauennamens, für einen kurzen Augenblick, dünner, und seine Stimme brüchig.

15

Zehn Gebote des Überlebens im GULag (1951, handschriftlich, aus dem Nachlass von Karl Arnautović)

1. *Verlier niemals deinen Stolz. Erniedrige dich vor niemandem.*
2. *Bleib dir gegenüber immer Mensch. Jedoch unter Wölfen heule als Wolf. Der Mensch ist des Menschen Wolf: Krepier du heute, und ich morgen.*
3. *Gib niemals die Hoffnung auf. Einen Ausweg gibt es immer, auch wenn es ausweglos scheinen mag.*
4. *Zeige niemals eine Unterlegenheit.*
5. *Die größte Gefahr ist Verhungern. Sei dein eigener Buchhalter, ziehe stets Bilanz zwischen Soll und Haben (Verlust durch geleistete Arbeitskraft gegen Einnahmen).*
6. *Im Zweifelsfall dumm stellen. Gegen Blödheit ist der härteste Inquisitor machtlos.*
7. *Passe dich den Verhältnissen an.*
8. *Wenn du etwas beschlossen hast, bleib stur wie ein Bock – bis zum Sieg oder bitteren Ende.*
9. *Verkauf dich an niemanden und unter keinen Umständen.*
10. *Vertraue niemandem.*

16

1950 ist Nina 21 Jahre alt. Mit sechzehn hat sie ihre Schulpflicht beendet, auch wenn ihr Jahrgang im letzten Kriegsjahr fast keinen Unterricht mehr hatte. Danach konnte sie zwischen zwei Berufen wählen: sich in der Zuckerfabrik anlernen zu lassen oder eine Lehre als Schneiderin zu machen. Sie entscheidet sich für die Lehre, und nun arbeitet sie seit fast drei Jahren in der Kleiderfabrik in der Oberstadt. Ihre jüngere Schwester hat kürzlich geheiratet. Nina beneidet sie nicht, Tatjanas Verlobter war an Seele und Körper versehrt von der Front zurückgekehrt.

Auch der jüngere Bruder Leonid ist schon verheiratet. Wenige Tage nach seiner Hochzeit hat er seine zweijährige Wehrpflicht angetreten und kommt nur selten auf ein paar Urlaubstage nach Kursk.

Nina wohnt mit ihrer Mutter Anastasia in dem kleinen Häuschen in der Unterstadt. Beide Frauen gehen täglich zur Arbeit, und sie bestellen den Garten hinter dem Haus. Wenn die Pappel ihren Junischnee abwirft, wird es Nina eng in der Brust, und sie drängt eine schmerzliche Erinnerung weg, so gut sie es vermag.

Der Krieg hat viel gekostet, an Leben wie an Geld. Jetzt tobt ein Kalter Krieg, und auch der ist teuer. Kapital wird benötigt für die Rüstung und Unterstützung ferner Bruderländer. Getreide wird gegen Devisen mit dem Ausland getauscht und fehlt daheim zum Leben. Außerdem rächt sich, dass so viel an geistigem wie arbeitsfähigem Potential vernichtet ist. Stalin, der noch zwei Jahre zu leben hat, fehlt jede Einsicht oder gar Reue. Wie vor und während des Krieges weiß der Herrscher sich an seinem Volk zu bedienen, man muss es nur gründlich in Angst halten.

Immer noch gibt es unzählige Lager im ganzen Land. Die Häftlingszahl ist sogar höher als je zuvor. Zu den Millionen, die immer schon die Straf- und Arbeitslager fluten, sind die Kriegsgefangenen hinzugekommen, außerdem Hunderttausende so genannte Ostarbeiter, und jene Zivilisten die sich eines »Diebstahls an sozialistischem Eigentum« (zum Beispiel des Abbrechens weniger Ähren auf einem Feld oder mehrmaligen Zuspätkommens am Arbeitsplatz) schuldig gemacht haben. Allesamt leisten sie Sklavenarbeit – im Bergbau, beim Verlegen von Eisenbahnschienen, im Straßen- und Tunnelbau, bei der Torfgewinnung, in Ziegeleien und bei Ernteeinsätzen. Im Arbeitslager soll der Mensch gebessert, an den Kriegsgefangenen und Ostarbeitern soll Rache genommen werden. Dies alles zum Nutzen, Ruhm und Gedeih des Staates, zum Aufbau einer besseren Welt. Und alles gratis.

Nina ist jung, gesund, kinderlos und arbeitsfähig. Die Erfrierungen an den Füßen und die schlecht ausgeheilten Lungenentzündungen werden sich erst Jahrzehnte später bemerkbar machen. Frauen wie sie werden dringend gebraucht in den Küchen, Wäschereien und Nähstuben all der Gefängnisse und Lager im riesigen Land. Freiwillig geht dort keine Frau zum Arbeiten hin. Die einfache Lösung: Sie wird eines »Diebstahls an sozialistischem Eigentum« überführt und zu den obligaten zwei Jahren Arbeitslager verurteilt. Ein Vorwand ist flugs gefunden. In der Kleiderfabrik könnte das etwa das Herausklauben von Stoffabfällen aus einem zusammengefegten Haufen sein. Nina und ihre Kolleginnen nehmen sich immer wieder ein Fitzelchen davon mit nach Hause. Sie sind dabei sehr vorsichtig und werden auch nicht erwischt. Zu Neujahr bekommt die Vorarbeiterin etwas geschenkt, das aus diesen Resten zusammengenäht ist – eine Mütze, einen Muff. Sie hat Verständnis für die jungen Frauen, die bisher nur Krieg, Hunger und Not erlebt haben. Sie weiß, wie sehr sie sich sehnen nach Musik, Tanz, einem Flirt, einem hübschen Kleid, einem feschen Hütchen.

Das Unheil naht von unerwarteter Seite. Einmal hat Nina es eilig und vergisst, ihren Arbeitskittel auszuziehen, erst daheim bemerkt sie es. Um am nächsten Morgen Zeit zu sparen, trägt sie den Kittel bereits unter dem Mantel, als sie in den Umkleideraum kommt. Jemand musste sie verleumdet haben. Verhaftung. Schnellverfahren. Urteil. Abtransport ins Straflager.

Nina verlässt zum ersten Mal ihre Heimat, und es ist eine weite Reise. Sie wird ins IwdelLag im nördlichen Ural gebracht und sogleich der Lagerküche zugeteilt. Ihre Aufgabe ist es unter anderem, gemeinsam mit einer Kollegin und einem Bewacher täglich mit einem Handwagen den schweren Aluminiumtopf mit der Suppe und die Tagesrationen Brot zu den Arbeitsbrigaden in die Wälder zu bringen. Die Männer übernachten dort in Zelten oder selbst ausgehobenen, mit Planen überdeckten Gruben, um die weiten Wege zum und vom Lager zu sparen und so der geforderten Normerfüllung zumindest näher zu kommen.

Hier begegnen sie einander im Sommer 1951 zum ersten Mal. Viktor ist 27 Jahre alt und seit acht Jahren einzig mit dem Überleben beschäftigt. Knapp zwei Jahre liegen noch vor ihm. Er hat zuvor in Steinbrüchen gearbeitet, als Torfstecher, als

Sanitäter und Totengräber, beim Verlegen von Eisenbahnschienen, und nun ist er Holzfäller.

Sobald die beiden Frauen mit ihrem Karren auftauchen, müssen die Aufseher alle in Schach halten. Die in jeder Hinsicht ausgehungerten Männer haben offenbar verlernt, sich zu benehmen. Sie pfeifen, rufen unflätige Worte, machen anzügliche Bemerkungen. Da fällt einer schon auf, der nicht mitmacht. Viktor und Nina tauschen erste Blicke.

Arbeitskraft ist im ganzen Land rar, nicht nur in den GULags. Und so liefern sich Lagerverwaltungen einerseits, Fabriken und Sowchosen andererseits einen bürokratischen Kampf um jede arbeitsfähige Person, vertreten durch die jeweiligen Parteiautoritäten. Da fordert auch Ninas Betrieb seine Arbeiterin zurück, und es findet sich der übliche Kompromiss: Von den zwei Jahren, zu denen sie verurteilt ist, sitzt sie zehn Monate im GULag ab. Den Rest ihrer Strafe wird sie in ihrer Fabrik in Kursk abbüßen und während dieser Zeit, über ein Jahr lang, keinen Lohn für die Arbeit erhalten.

Als Nina sich von Vitja, wie sie ihn zärtlich nennt, verabschiedet, küssen sie einander heimlich im Wald. Der Mann ohne Angehörige, ohne Staatsbürgerschaft und ohne Adresse kann jetzt Nina als seine Verlobte angeben. Es ist notwendig, einen Wohnort zu nennen, um bei der Entlassung einen Passier- und Fahrschein ausgestellt zu bekommen. Andernfalls müsste er als »Freier« am Ort der Verbannung leben bleiben, und an Arbeit gäbe es nur die altbekannte, wenn auch fortan gegen einen bescheidenen Lohn.

Nina kehrt nach Kursk zurück und hat jetzt einen Verlobten. Man beneidet sie. Viele ihrer Arbeitskolleginnen haben den ihren verloren und werden schwerlich einen anderen finden – die

Zahl an Männern im Land hat sich stark verringert. Zwar ist Vitja ein verurteilter Volksfeind – seinen richtigen Namen kennt Nina immer noch nicht, ja, sie weiß noch nicht einmal, dass er gar kein Russe ist –, aber er hat Charme und Humor. Erstaunlich, wie er es versteht, in all dem Dreck einen gepflegten Eindruck zu machen. Er riecht sogar gut.

Als Nina am Morgen des 5. März 1953 von der Nachtschicht aus der Fabrik nach Hause kommt, liegt das seit Monaten herbeigesehnte Telegramm auf dem Tisch: »Komme«.

Die verliebte junge Frau tanzt durch die Küche. Anastasia kommt aus dem Nebenzimmer.

»Du bist schon auf, Mama?«

»Hast du es noch nicht gehört?«

»Dass Viktor kommt?« Sie lässt das Telegramm durch die Luft flattern.

»Dass Stalin tot ist.«

Nina spürt, wie auf der Stelle alles in ihr und um sie herum einfriert. Noch als alte Frau wird sie sich an diese kalte, lähmende Trauer erinnern, und an jene kollektive Trauer, die das ganze Land auf diese Nachricht hin erfasst.

Durch den Verlust des »Vaters der Nation« fühlen die Menschen sich wie verwaiste Kinder. Sofort ist da die Angst vor einem neuen Krieg, diesmal ohne den siegreichen Generalissimus. Niemand kann sich vorstellen, dass einem so starken Mann überhaupt so etwas Banales zustoßen kann wie der Tod.

Auf den Straßen werden fremde Menschen einander weinend in die Arme fallen; die Arbeit in den Fabriken wird stillstehen; alle, die das Haus verlassen können, werden draußen auf den Beinen sein. Zeitgleich mit dem Begräbnis wird man

Leichenzüge in vielen Städten organisieren. Die Trauernden brauchen einen – wenn auch leeren – Sarg, dem sie folgen können.

Allein in Moskau werden fünfhundert Menschen in der Menge zu Tode getrampelt werden.

Nicht wenige werden ihrem Führer freiwillig in den Tod folgen.

Ein ganzes Land untröstlich.

Ein ganzes Land versteinert.

Aber bald kommt mein Geliebter, weint Nina sich in den Schlaf.

17

Dass Karls Entlassung und Stalins Tod auf denselben Tag fallen, ist Zufall. Zehn Jahre bedeuten in der Sowjetunion exakt zehn Jahre, vorzeitige Entlassungen sind nicht vorgesehen. Daran ändert selbst das politische Tauwetter nichts, das nach Stalins Tod einsetzt. Zwei seiner Weggefährten aus dem Kinderheim werden noch bis 1958 im Lager sitzen.

Karl reist mit leichtem Gepäck. Sein Wiener Rucksack ist ihm längst gestohlen worden. Der vom Sowjetstaat zur Verfügung gestellte Armee-Seesack ist nicht einmal zur Hälfte gefüllt. Anfang März ist es noch winterlich kalt, und so trägt er fast alles, was er an Kleidung besitzt, am Leib. Der Sekretär in der Finanzabteilung des IwdelLags händigt ihm gegen Unterschrift aus:

Geldmittel für die Verpflegung während der Reise:
74,76 Rubel
Eine Fahrkarte im Wert von 212 Rubel für die Fahrt bis zur Station Schtschigry
Rückerstattung eigenes Geld in Höhe von 149,76 Rubel
Einen Bezugsschein für 3 Tage Verpflegung

Weiter geht es in die Kantine, wo Karl den Bezugsschein gegen zwei Brotlaibe und sechs Konserven mit einer Art Rindfleischpaste eintauscht. Wie er an den Inhalt kommen soll, kümmert niemanden. Er besitzt kein Messer, nur einen Löffel aus Aluminium.

Zurück ins Verwaltungsgebäude, den Entlassungsschein aus der Direktion abholen.

Diese Bestätigung wird ausgehändigt dem Bürger
ARNAUTOVIĆ Karl Karlowitsch, geb. 1925 in Wien/Österreich, Staatsbürgerschaft UdSSR, Nationalität Österreicher
Verurteilt: durch die Operative Abteilung TschMS NKWD UdSSR am 21.8.1943 nach 58–10/II Strafgesetz der RSFSR zu einer Freiheitsstrafe von zehn Jahren. Die Untersuchungshaft war anzurechnen.
Er hat die Strafe in Einrichtungen des Innenministeriums am 5. März 1953 verbüßt.
Der Entlassene wird sich zum von ihm ausgewählten Wohnort in der Region Kursk begeben, zur Station Schtschigry.

Stellvertretender Leiter des Lagers »N«
Oberstleutnant Jumanow
Stellvertretender Abteilungsleiter
Oberstleutnant Kabakow

Ein Wachmann beschreibt ihm den Weg zum Bahnhof. Die Nacht verbringt er im Warteraum. Der Zug ist pünktlich. Der überfüllte Waggon mit den dicht übereinander gebauten Pritschen unterscheidet sich wenig von den Baracken im Lager. Manch Reisender ist bereits seit Tagen unterwegs. Es riecht schlecht. Überall hängt feuchte Wäsche auf Schnüren, die kreuz und quer gespannt sind. In etlichen der Mitreisenden erkennt Karl seinesgleichen. Entlassene Sträflinge. Aus der Verbannung zurückkehrende Bauern. Straßenkinder, die als blinde Passagiere auf den Gepäckablagen schlafen und unter die Decke einer mitfühlenden Seele schlüpfen, wenn der Schaffner die Runde macht. Karl möchte mit niemandem reden. Er erobert einen der weniger beliebten oberen Plätze, legt sich auf seinen Seesack und schläft auf der Stelle ein – eine nützliche Fähigkeit, die er sich im Lager angelernt hat.

Mehr als vierzig Stunden dauert die Fahrt bis Moskau. Dort muss Karl zu einem anderen Bahnhof wechseln. Er hat mehrere Stunden Zeit. Sein erster Weg führt zur Post, um ein Telegramm an Nina aufzugeben: »Ankomme Schtschigry. Uhrzeit unbekannt«. Dann spaziert er zu Fuß in Richtung Stadtzentrum. Wie magnetisch zieht es ihn zum ehemaligen Kinderheim. Aber er kommt nicht weit. Die Innenstadt ist von Soldaten und Militärfahrzeugen abgesperrt.

Schon am Bahnhof war ihm das unbeschreibliche Gedränge aufgefallen. Richtig, Stalin wird zu Grabe getragen, die Feierlichkeiten rund um die Aufbahrung dauern jetzt schon den dritten Tag an. Karl verspürt keine Trauer, obwohl auch ihm dieser Tod nicht real erscheint.

Zu seiner früheren Welt gibt es also kein Durchkommen, aber das ist vielleicht besser so. Soll er sich dieser Wehmut hingeben? Wo er doch jetzt nur noch in Richtung Zukunft unterwegs sein möchte.

Unweit seines Ziels, am Vorplatz des Kursker Bahnhofs, beobachtet Karl, wie sich vor einem Geschäft gerade eine Schlange zu bilden beginnt. Er stellt sich rasch hinten an. Was es zu kaufen gibt, würde er schon noch erfahren. Die Frau vor ihm weiß es auch noch nicht. Kurz darauf erreicht ihn aus Richtung des Kopfendes der Schlange die erfreuliche Nachricht, die er gleich an die hinter ihm Stehenden weitergibt: Ein Karton mit dem begehrtesten aller Parfüms, »Krassnaja Moskwa«, sei angeliefert worden. Was für eine Kostbarkeit! Karl kann dieses Glück nicht fassen, sein Herz klopft wild, und er hofft inständig, dass noch genug da ist, wenn er an die Reihe kommt. Und dass sein Geld für einen Flakon reichen wird. Er hat das Gespür für den aktuellen Wert eines Rubels verloren, und er kennt die derzeitigen Preise nicht.

Als er kurz darauf seinen Zug besteigen will, weist ihn der Schaffner ab. Es sei kein Platz mehr im Waggon. Karl zeigt seine Reservierung. Der Schaffner bedauert. »Wissen Sie, heute wurden Plätze zwei- oder sogar dreimal gebucht. Die Leute wollen nach dem Begräbnis alle wieder nach Hause. Gehen Sie zum Schalter und lassen Sie es sich auf einen der nächsten Züge umschreiben.«

Das gelingt erst für den Zug, der 24 Stunden später abfährt. Auch dieser ist überbucht, aber Passagiere verzichten auf ihre Liegeplätze, damit möglichst viele Personen sitzen können.

Karls Fahrschein, der ihm von der Lagerverwaltung zugewiesen wurde, ist nur bis zum Knotenpunkt Schtschigry gültig. Kurz vor Mitternacht hält der Zug dort. Aber wie kommt er jetzt ins sechzig Kilometer entfernte Kursk? Er beschließt, bis zum Morgen zu warten.

Die nicht sehr große Bahnhofshalle ist überfüllt mit schlafenden Menschen, weinenden Kindern, herumirrenden Seelen. Die große, kalte Unruhe, die die Menschen nach dem Tod Stalins erfasst hat, ist greifbar. Viele fühlen sich alleingelassen, orientierungslos. Was soll jetzt nur aus dem Land, aus den Menschen werden?

Karl sucht sich irgendwo auf dem Boden einen Platz, legt sich auf seinen Seesack und schaut lange zur Decke hinauf. Ins hohe Gewölbe hat ein sowjetischer Künstler etwas plump wirkende Figuren gemalt, Bäuerinnen bei der Ernte, Bahnarbeiter mit ölverschmierten Gesichtern, weißbekittelte Chemiker und Ärztinnen, lesende Kinder. Auf Karl hat diese Malerei eine überraschende, euphorisierende Wirkung. Endlich spürt er so etwas wie Freiheit. Auch ihm steht jetzt eine Zukunft offen. Er wird einen Beruf erlernen. Bücher lesen. Musik hören. Nach seiner Familie suchen. Eine eigene gründen. Er lässt seinen Blick herabgleiten, sieht die elenden, stinkenden, rastlosen Reisenden – oder Gestrandeten? –, und rasch hebt er den Blick wieder nach oben. In jener Welt will er leben, nicht in dieser.

»Viktor?«, ruft eine Männerstimme. »Viktor!«

Ein junger Mann, rundes Gesicht unter einer Ledermütze mit baumelnden Ohrenklappen, blickt mit auffallend hellen Augen suchend über die Menge im Saal. Karl setzt sich auf. Die Männer sehen einander an.

»Bist du Viktor?« Der junge Mann bahnt sich einen Weg.

»Und du?«

»Ninas Bruder. Leonid. Ljonja.«

Karl erhebt sich. Die Männer reichen einander die Hand. Karl erkennt die Ähnlichkeit der Geschwister. Diese hellen Augen.

»Ich komm dich abholen. War gestern auch schon da.«

Er kramt aus seinem Rucksack eine dicke Steppjacke hervor, Handschuhe und eine Fellmütze.

»Zieh das an. Wir fahren auf dem Motorrad.«

»Hast du was zu rauchen?«

Auf dem Bahnhofsvorplatz stehen die beiden Männer schweigend, Papirossy rauchend, nebeneinander. Dann startet Leonid sein altersschwaches Motorrad, das den stolzen Schriftzug »Ural« auf dem Tank trägt. Karl liest das und spuckt auf den Boden. Dann klettert er auf den erhöhten hinteren Sitz. Die Federn ächzen, der Motor stottert. Langsam fahren sie durch die Nacht. Es ist nicht sehr weit, aber als die durchfrorenen Männer das Ortsschild von Kursk passieren, setzt bereits die Morgendämmerung ein.

Der Flakon hat die Reise gut überstanden

18

Endlich hält er es in Händen. Billiges, gelbgraues Papier. Kyrillische Buchstaben, Schreibmaschine. Wenige Zeilen. Ein gesperrt getipptes Wort:

»rehabilitiert«

Seine Kinder verstehen nicht, welch ein Aufhebens er um diesen schmuddeligen Zettel macht. Nein, es ginge nicht um Geld, nicht um eine Entschädigung. Auch eine Anrechnung auf seine Rente sei nicht zu erwarten. Keine Kompensation für all die verlorenen Jahre, seine gesamte Jugendzeit, in der er einen Schulabschluss oder auch höhere Bildung hätte erwerben können, eine Berufsausbildung hätte machen, einen Beruf ergreifen, schließlich Geld verdienen und auch für das Alter vorsorgen können, wie die meisten seiner Generation.

Aber da ist dieser Trotz um seinen Mund. Und dieser triumphierende Blick, der nach Reaktion heischt, nach Verstehen – nicht nach Mitleid. Dieses Dokument ist für ihn keinesfalls ein Beleg für seinen Opferstatus. Es ist die Bestätigung, dass er kein Verbrecher gewesen ist, kein Feind des Volkes, kein Gegner des Sowjetstaats. Endlich ist es da, das Eingeständnis begangenen Unrechts. Ein – wenn auch nur kurzer – hinwendender, wahrnehmender Blick irgendeines Bürokraten.

Karl hat sich selbst um dieses Dokument bemühen müssen. Niemand hat es ihm angetragen oder gar nachgetragen. Mehr als achtzehn Monate lang hat er zuerst die Rehabilitierung seines Bruders und später dann seine eigene betrieben. Niemandem außer ihm selbst schien das wichtig oder auch nur richtig. Mühsam war dieser Weg durch den Dschungel der Bürokratie. Hätte er nicht immer wieder beruflich in Moskau zu tun gehabt, er hätte sich schwergetan, die Sache von Österreich oder von seinem jetzigen Wohnort München aus voranzutreiben.

Gorbatschow hat die Zeit der Glasnost, der Klarheit, der Transparenz, ausgerufen. Das soll auch für die sowjetischen Archive gelten. Der Staat hat nichts zu verbergen. Gut, dass Karl sofort mit seiner Suche beginnt, denn schon bald würden sich die Tore wieder schließen.

Zuerst will er nach dem Verbleib seines älteren Bruders Slavko forschen, der seit 1941 verschollen ist. Auf seine Eingabe bekommt er Antwort.

Komitee für Staatssicherheit der UdSSR
Gebietsleitung für Moskau und Umgebung
26. 8. 1991 / Nr. 6/A-4088

Sehr geehrter Karl Arnautović!
Ihr Antrag wurde bearbeitet. Aus den vorliegenden Archivmaterialien entnehmen wir, dass Ihr Bruder – Arnautović Slavoljub, geb. 1921 in Wien, Österreich, österr. Staatsbürger, parteilos, zuletzt wohnhaft in Moskau, Fräserstraße 16/8, im Jahre 1934 nach Moskau eingereist ist, wo er im Kinderheim lebte, im Jahre 1938 die siebenjährige Schulausbildung abschloss, in der Fabrik »Fräser« als Lehrling zu arbeiten

begann. Er hat bis 1939 in der Fabrik gearbeitet. Von Ende 1939 bis 1941 hat er auf der Arbeiterfakultät gelernt. Am 1. September 1941 hat er ein Studium am 1. Moskauer Staatlichen Medizinischen Institut aufgenommen.
Am 10. September 1941 wurde er von Organen des NKWD verhaftet und beschuldigt, den Sowjetbehörden gegenüber feindlich eingestellt zu sein und unter Personen in seinem Umfeld systematisch antisowjetische Agitation zu betreiben. Er habe den Erlass des Präsidiums des Obersten Sowjets der UdSSR vom 26. Juni 1940 über die Einführung von Studiengebühren und die Bekämpfung des Rowdytums in antisowjetischer Weise kritisiert. Er habe den Faschismus und Hitler gelobt, indem er in seiner Umgebung Briefe von deutschen Bekannten verlesen habe. Damit war der Tatbestand des Verbrechens nach Artikel 58–10/1 UK RSFSR erfüllt.
Im Sinne der Anklage hat Arnautović S. sich schuldig erklärt, im Bekanntenkreis seine Unzufriedenheit mit dem Erlass des Präsidiums des Obersten Sowjets der UdSSR über die Einführung von Studiengebühren an mittleren und höheren Schulen zum Ausdruck gebracht zu haben. Auch hat er sich schuldig erklärt, seiner Unzufriedenheit mit dem Erlass über die Verfolgung und Bestrafung von Bummelei und Zuspätkommen am Arbeitsplatz Ausdruck verliehen zu haben.
Persönliche oder Wertgegenstände wurden bei der Verhaftung nicht beschlagnahmt.
Während der Haft im Tschistopoler Gefängnis Nr. 4 TO NKWD der Tatarischen ASSR starb Arnautović S. am 27. Mai 1942. Wir haben eine Anfrage an IZ MWD TASSR gerichtet bezüglich Dokumenten, die das Schicksal von Arnautović S. während seines Aufenthalts im Tschistopoler Gefängnis Nr. 4

belegen, etwa nach dem Bestattungsort, der Todesursache sowie der amtlichen Registrierung des Todes.
Am 16. Juni 1942 wurde von der NKWD-Gebietsverwaltung Moskau die Strafverfolgung gegen Arnautovć S. gemäß Artikel 4 Punkt 1 UPK RSFSR wegen seines Todes eingestellt.
Auf Ihren Antrag bezüglich einer Bekanntgabe der Begräbnisstätte Ihres Bruders teilen wir Ihnen mit, dass es laut Auskunft des Abteilungsleiters im Innenministerium der Tatarischen Sowjetrepublik, E. N. Krasnow, keinerlei Hinweise auf einen genau zu bezeichnenden Ort auf dem Städtischen Friedhof von Tschistopol gibt und eine Feststellung aufgrund der Zeitdauer unmöglich ist.

Als ihn diese Nachricht in München erreicht, wo Karl – zum vierten Mal verheiratet – in einer ruhigen Gegend lebt, holt er sich eine Flasche Wodka aus der Vorratskammer und schließt sich im Schlafzimmer ein. Kein Familienmitglied, nicht einmal sein kleiner Sohn, kann ihn zum Öffnen der Tür bewegen. Erst am nächsten Nachmittag lässt er sich wieder blicken, elegant gekleidet wie immer, sorgfältig rasiert und frisch duftend. Er hat sich – wie üblich – unter Kontrolle, zeigt keine Emotionen. Es gibt nicht den kleinsten Hinweis darauf, was in seiner Seele, in seinem Kopf, in seinem Körper vorgegangen sein mag.

Karl hatte es schon einmal mit einer Rehabilitierung versucht, gleich nach seiner Rückkehr nach Österreich 1956. Angesichts dessen, was da schon einige wussten – von den Quoten, die Stalin seinem Apparat verordnete; von der Tatsache, dass fast alle, die ausländisch, erst recht deutschsprachig waren, zu Volksfeinden erklärt wurden; dass die Urteile längst feststanden, bevor man die quälenden, viele Stunden dauernden

Verhöre inszenierte –, wirkt es bedrückend naiv, was dieser erwachsene Mann an die Behörde schreibt.

Wien, 31. März 1956
An das Innenministerium der Sowjetunion
Kopie an die Staatsanwaltschaft der UdSSR
Kopie an das Präsidium des Obersten Sowjets der UdSSR

Im März 1943 wurde ich verhaftet und der konterrevolutionären Agitation nach Paragraph 58/10 und 58/11 des Strafgesetzbuches der Russischen Föderation angeklagt. Am 21. August wurde ich zu zehn Jahren Freiheitsentzug verurteilt.
Das volle Strafmaß habe ich ab 1943 in Norilsk, in Tscheljabinsk und von 1945 bis 1953 in Iwdel in staatlichen Straf-Arbeitslagern abgesessen.
Ich halte die Beschuldigung wie auch das daraus folgende Urteil für ungerechtfertigt, daher ersuche ich nachdrücklich, meinen Fall zu überprüfen, im Einzelnen:

1. Bei der Untersuchung meines Falles wurden die geltenden rechtlichen Verfahrensregeln missachtet.
A) Der Untersuchungsrichter Boris Semjonowitsch Garn hat physische Gewalt angewendet, um meine Unterschrift unter Verhörprotokolle zu erzwingen.
B) Das mir zur Last gelegte Vergehen soll im Sommer 1942 begangen worden sein, als ich noch nicht volljährig war. Am Tag meiner Verhaftung im März 1943 war ich 17 Jahre und 8 Monate alt.
C) Die Verhöre wurden auf Russisch geführt, eine Sprache, die ich zu dieser Zeit nicht ausreichend beherrschte.

D) Meine mehrfach geäußerte Bitte nach einem Gespräch mit dem Staatsanwalt wurde mir verwehrt.
E) Erst am Ende der Verhöre wurde mir Einsicht in meinen Akt gewährt – und zwar erst nachdem ich blanko das Ende der Untersuchung bestätigt hatte.
F) Nach Abschluss der Untersuchung wurde ich ins Lager gebracht. Meine Anfechtung wurde nicht weitergeleitet. Der Untersuchende B. S. Garn versicherte mir, dass sich die Komintern für mich interessierte und warnte mich davor, mich an irgendeine Stelle mit einer Beschwerde zu wenden – weil ich damit nur meine Situation verschlimmern würde. Im September 1943 erhielt ich die Nachricht über meine Verurteilung.

2. Meinen Fall verhandelte nicht ein Gericht, sondern eine Sonderkommission des NKWD Tscheljabinsk, in meiner Abwesenheit, was mir die Möglichkeit nahm, meine Unschuld an den mir zur Last gelegten Vergehen zu beweisen.

3. Auf meine sämtlichen Anträge und Beschwerden, die ich nur über die Lagerverwaltungen und deren Zensuren stellen durfte, habe ich niemals eine Antwort erhalten.

Aus dem Genannten folgt, dass mein Schicksal in den Händen eines einzigen Menschen lag – dem Untersuchungsbeamten B. S. Garn. Ihm ist zu verdanken, dass ich zehn Jahre meines Lebens verloren habe.
Gemäß dem oben Dargelegten ersuche ich nachdrücklich, meinen Fall zu untersuchen und mich zu rehabilitieren.

Eine Antwort hat Karl nie erhalten. Es sollten 35 weitere Jahre vergehen, bis sein Wunsch nach Rehabilitierung in Erfüllung geht.

19

Seit den späten siebziger Jahren leitet Karl seine eigene Import-Export-Firma mit einem Büro in München und einem im Moskauer Hotel National. Er vermittelt große Geschäfte und Joint Ventures zwischen Deutschland und der Sowjetunion. Seine Sprachkenntnisse, aber mehr noch sein Wissen darüber, wie die Russen »ticken«, verschaffen ihm einen wesentlichen Vorteil gegenüber der Konkurrenz. Von großem Nutzen sind ihm dabei seine Kontakte zu ehemaligen Lagerinsassen – Kriminelle, die sich einen hohen Posten, etwa in einem bedeutenden landwirtschaftlichen Betrieb oder einem Industriekombinat irgendwo in der Provinz erarbeitet, erworben oder ergaunert haben. Manch einer hat es sogar zum Bürgermeister oder Abgeordneten gebracht. Nach dem Zerfall der Sowjetunion mutieren diese Herrschaften zu seriösen Geschäftsleuten, und ihre privaten Unternehmen gedeihen jetzt ganz legal vor aller Augen. Die »Diebe im Gesetz« üben unter ihresgleichen blinde Loyalität und verschaffen einander gute Geschäfte und wichtige Kontakte.

Wenige Tage nach Erhalt des Schreibens über seine Rehabilitierung ist Karl beruflich wieder in Moskau. Sein erster Weg führt ihn in die Lubjanka, jenes imposante Gebäude im Herzen der Stadt, das zum Symbol bürokratisch verwalteten Leids für so viele geworden war. Es fällt ihm nicht leicht, über diese

Schwelle zu treten, er zögert kurz, dann holt er sich die »Chuzpe aus dem Mantelsack«, wie er es nennt, hebt das Kinn und durchschreitet die Eingangshalle. Am Empfangsschalter füllt er einen sechsseitigen Bogen aus – Antrag um Einsicht in hier archivierte Dokumente. Mit Pass und seiner ins Russische übersetzten Geburtsurkunde muss er seine Identität belegen. Und als er aufgefordert wird zu unterschreiben, fühlt er sich plötzlich um fast fünfzig Jahre zurückversetzt, als man ihn gezwungen hat, sein erpresstes Geständnis Seite für Seite zu unterzeichnen.

»Sie werden verständigt.«

»Wie lange wird das dauern? Mein Visum läuft ab …«

»Sie werden verständigt.«

Fast drei Wochen wird es dauern, bis die Genehmigung endlich kommt. Karl verschiebt seinen geplanten Rückflug und taucht ab in die Keller der Lubjanka. Ein Uniformierter führt ihn in einen kleinen Raum, der bis auf einen Tisch und zwei Stühle vollkommen leer ist. Karl wird der Platz am Tisch zugewiesen, während sich der Beamte neben der Tür niederlässt. Es vergehen mehrere Minuten, bis ein weiterer Uniformierter den Raum betritt, sich vor dem Besucher aufstellt und leiernd seine Ansprache hält:

»Es darf nichts aus dem Akt entfernt werden; die Reihenfolge der einzelnen Blätter muss unverändert bleiben; es dürfen keine Kopien oder Fotografien angefertigt werden; handschriftliche Notizen auf mitgebrachtem Papier sind erlaubt; die Dauer der Einsichtnahme ist auf zwei Stunden beschränkt – für jeden weiteren Termin muss ein neuerlicher Antrag gestellt werden; ein Zuwiderhandeln ist strafbar und kann zumindest ein Hausverbot nach sich ziehen.«

Dann legt er zwei vergilbte, mit dünnem Spagat verschnürte

Mappen vor Karl auf den Tisch und verlässt den Raum. Sein Kollege sitzt sehr gerade und lässt seine Augen nicht von Karls Händen, die jetzt leicht zittern.

Es zieht ihm scharf durch die Brust, als er sofort die Handschrift seines Bruders erkennt, die seiner eigenen ähnelt. An manchen Stellen wirkt sie zittrig, als würde ihm der Stift wegrutschen. Slavko musste am Tag nach seiner Verhaftung im September 1941 seine Biografie aufschreiben, mit eigenen Worten und eigener Hand. Es folgen vierzig maschingetippte Seiten – Abschriften zahlreicher Verhöre (viel mehr als bei mir, denkt Karl. Mein Bruder war widerständiger, mutiger), die im Zeitraum zwischen der Verhaftung und der Übermittlung der Anklageschrift ans Gericht geführt worden sind. Akribisch festgehalten sind Stunde und Minute von Beginn und Ende eines Verhörs, die Namen der vernehmenden Person und möglicher weiterer Anwesender. Bei genauerer Betrachtung fällt auf, dass ein Verhör manchmal viele Stunden dauert, der protokollierte Text jedoch nur wenige Zeilen ausmacht. Bemerkenswert auch, dass jede einzelne Antwort des Beschuldigten mit dessen Unterschrift bestätigt ist.

Karl blättert ans Ende der Mappe. Die letzten drei Seiten bringen dem 67-jährigen Mann hier unten im Keller des wuchtigen Geheimdienst-Gebäudes endlich die Gewissheit über die Umstände von Slavkos Tod, die er seit fünf Jahrzehnten erwartet, erhofft – und zugleich fürchtet.

Aktennotiz vom 15. Jänner 1942
»Der Beschuldigte befindet sich im Gefängnis Nr. 4 der Stadt Tschistopol, Gesundheitszustand: gesund. Beweisstücke zur Sache: nicht vorhanden.«

Aktennotiz vom 27. Mai 1942
»Wir, die ärztliche Leiterin der Sanitätsabteilung des Gefängnisses Nr. 4 Mjatshina, die diensthabenden Arzthelfer Buljaewa und Djatshin haben die Leiche des Strafgefangenen Arnautović Slavoljub besichtigt. Geb. 1921 in Wien (Österreich) …
… um 12 Uhr in der Einzelzelle Nr. 8 … mittleren Wuchses … Zustand der Leiche … Ursache des Todes …

Als Karl die Lubjanka verlässt, geht er fast im Laufschritt zu einem nahe gelegenen Park. Er stützt sich mit den Händen auf die Lehne einer Bank, hält sein Gesicht in die Novembersonne und atmet mehrere Male tief durch – aber sein Puls dröhnt weiter in den Ohren. Verhungert also …

Sein Mund füllt sich mit kaltem Speichel. Er stößt sich von der Parkbank ab und geht rasch davon, in Richtung seines Hotels. Erst im Zimmer schiebt er seine Rechte in die Innentasche des Sakkos und vergewissert sich des Inhalts.

Am Tag darauf trifft Karl sich mit einem sportlich Gekleideten vor einer Metro-Station außerhalb des Stadtzentrums und nimmt ein großes Kuvert entgegen. Die Männer kennen einander nicht, sie erkennen sich an einem vereinbarten Zeichen. Sie gehen sogleich wieder auseinander, ohne ein Wort gewechselt zu haben. In der Nähe wartet ein Taxi, das Karl zum Flughafen bringt.

Erst in seinem Haus in München wagt er das Kuvert zu öffnen, erleichtert, alles unentdeckt durch die Zollkontrolle gebracht zu haben. Es enthält die Fotokopien der beiden Aktenmappen, die ihn eine Stange Bestechungsgeld gekostet haben. Aus der Innentasche des Sakkos holt er die zwei winzigen, stockfleckigen Schwarzweißfotos hervor, die er in der Lubjanka unter den scharfen Blicken des Wächters entwendet hat – dieses Geschick hatte er sich als jugendlicher Dieb erworben. Das eine zeigt ihn als Siebzehnjährigen, das andere Slavko als Zwanzigjährigen. Vor der Brust tragen beide ein Schild mit einer Nummer. Die Aufnahmen wurden bei den Verhaftungen gemacht. Karl heftet sie an das jeweilige Protokoll und legt alles in den Wandsafe in seiner Bibliothek. Jahre werden vergehen, bis sie wieder jemand zu Gesicht bekommt.

20

Es ist nicht leicht gewesen für die Mutter in Wien, ihre verlorenen Söhne wiederzufinden. Der Kontakt zu ihnen war vollkommen abgerissen. Slavkos letzter Brief kam im Sommer 1940 aus Moskau, und Karli schrieb zuletzt im Frühjahr 1941 aus dem Jugendgefängnis in Tscheljabinsk – freilich lässt er die wahren Umstände unerwähnt, er beruhigt die Mutter mit Zeilen, in denen von Schule, Lehre und guter Gesundheit die Rede ist. Im Juni darauf überfällt die deutsche Wehrmacht die Sowjetunion, und jetzt gibt es zwischen den verfeindeten Staaten keinerlei privaten Postverkehr mehr.

Nach dem Krieg bedarf es großer Anstrengungen und glücklicher Zufälle, im zerstörten, zerrissenen Europa die Aufenthaltsorte und Schicksale von Angehörigen in Erfahrung zu bringen. Eva lebt in ständiger Furcht, dass womöglich beide Söhne nicht mehr am Leben sein könnten. Sie sucht die sowjetische Kommandantur auf, um ein Gesuch nach Bekanntgabe der Aufenthaltsorte ihrer Söhne zu stellen. Dieses Gesuch wird an die Zentrale in Moskau weitergeleitet, aber eine Antwort wird Eva nicht bekommen.

Sie versucht ihr Glück über die Kommunistische Partei Österreichs, deren Mitglied sie seit Februar 1934 ist. Immerhin war es die »Rote Hilfe Wien«, eine Hilfsorganisation der Kommunistischen Internationale, die die Buben und gut hundert weitere Kinder damals, im Sommer 1934, ins Moskauer Exil brachte. Aber die Genossen erklären sich für nicht mehr zuständig.

Ihre letzte Hoffnung liegt beim Internationalen Roten Kreuz. Noch im Frühsommer 1945, gleich nach Kriegsende, macht sie ihre Sucheingabe, um über das Schicksal ihrer Kinder wie auch ihres Lebensgefährten – der Kontakt zu ihm war bei seiner Flucht nach England 1939 ebenfalls abgerissen – Gewissheit zu erlangen. Egal welche, nur Gewissheit. – Vergeblich.

Ein erstes Lebenszeichen erreicht sie schließlich acht Jahre später. Karli, ihr Jüngerer, schickt Ende 1952 ein paar Zeilen an die Großeltern im mährischen Buchlovice – diese Adresse hat er durch all die Jahre ständig memoriert, um sie im Gedächtnis zu bewahren. Der Brief muss monatelang gereist oder irgendwo gelegen sein, er kommt erst im Sommer 1953 an. Immerhin kommt er an. Evas Bruder Stefan, von allen Pickerl genannt, nach dem Helden aus seinem und auch Karlis Lieblings-Kinderbuch, bringt ihn persönlich nach Wien. Seine Schwester ist atemlos vor Glück, und nachdem ihre Hand aufgehört hat zu zittern, schreibt sie sofort an den Absender in Tscheljabinsk. Doch zu dieser Zeit ist Karli schon nicht mehr im Lager.

Jemand musste ein Herz gehabt oder sich auch nur strikt an Vorschriften gehalten haben: Der Brief wird ihm nachgeschickt nach Kursk, an jene Adresse, die der Strafgefangene bei seiner Entlassung angegeben hatte. Jetzt endlich kann Karl an seine Mutter schreiben. Die deutsche Sprache ist ihm fast abhandengekommen. Im Grunde sind sich Mutter und Sohn nach den langen Jahren der Trennung fremd.

Am 28. Dezember 1953, nach einsam verbrachten Weihnachtstagen, erhält Eva das ersehnte erste Lebenszeichen eines ihrer Söhne:

Kursk, den 13.12.1953

Liebe Mutti!

Ich will das Mutti auch noch jetzt schreiben, obzwar ich selbst bald »Vatti« bin. Es glingt ja auch viel schöner als Mutter. Nicht war?

Am Anfang will ich Dir zu verstehen geben das mir das deutsch schreiben ziemlich schwer fällt. Du siest es ja auch nach der schrift. Ich denke russisch, schreibe deutsch. Ich weis nicht ob was raus kommt, glaube aber Du wirst mich doch verstehen.

Lange habe, wie ich so auch Du keine Nachrichten erhalten. Ich bin auch nicht ganz überzeugt das Du diesen Brief bekommst.

Ich wohne von März an in der Stadt Kursk. Ich habe geheiratet. In einigen Monaten warten wir auf einen Nachfolger. Ich möchte gern das Du, seine Großmutter ihm einen Namen gibst, das wird dann das beste andenken an Dich sein.

Meine Frau heißt Nina, ein hübsches, gutes Mädchen. Wenn Du diesen Brief erhaltest schicke ich Dir im nächsten ihre Photografie. Auch die meine schicke ich Dir.

Ja, meine Liebe, glaubten wir jemals, das Mutter und Sohn verschiedene Muttersprachen haben werden. Ich habe jetzt blos einen wunsch, Dich bei mir haben, oder wenigstens Dich noch einmal sehen. Wenn ich mich nicht irre, habe ich Dich am 8. Juli 1934 im Pionierlager, in der Tschechoslowakei, gesehen. Ich habe aber schon ganz vergessen wie Du aussiest.

Von Slavko weis ich auch nichts, habe überall hin geschrieben, keiner weis aber nichts von ihm. Ich kann mir nicht vorstellen, wo er hingekommen sein kann. Wenn er auch tot wär, es musste doch jemand wissen.

Mutti, ich bitte Dich sehr schicke mir alle Photografien die du nicht sehr nötig hast. Von Dir, von Slavko, von Vatti, Onkel, Großeltern und auch meine als ich klein war, wenn es möglich ist auch einige die ich Dir aus Moskau geschickt habe. In einem Wort alle die du hast. Von unserer Familie sind wir zwei übergeblieben.

Dann, Mutti, möchte ich wissen wer mein Vater ist, Kafka oder Arnautović.

Schreibe mir was ich machen kann dafür das du her kommst. Alles was von mir abhängt werde ich machen, wieviel es mir auch kosten mögte.

Die herzlichsten Grüße von Nina, meiner Frau.

Küsse Dich, Dein Sohn

Karl

In der Folge wechseln Briefe zwischen Mutter und Sohn. Eva schlägt vor, die Briefe zu nummerieren, und tatsächlich erreichen einige nicht ihr Ziel. Karls Deutsch wird allmählich besser. Eva korrigiert ihn streng.

21

Kursk, den 26.1.54

Liebe Mutti!
Mit großer Freude habe ich heute Deinen Brief vom 11. Jänner erhalten. Alle Fotografien auch der Briefschmuck sind in bester Ordnung. Welche Freude hatte ich als ich den Brief öffnete und darin die Bilder fand! Du hast recht, Mutti, mögen auch noch zwanzig Jahre vergehen ich erkenne Dich doch. Du bist immer noch das schöne, kleine, dicke Mutterchen. Genau so wie ich mir Dich vorgestellt habe, noch lange wirst Du nicht wie eine Großmutter aussehen obzwar Du sie bald sein wirst.

An der Fotografie des Genossen Baumgarten kann man leicht sehen das er ein kluger Mensch war. Es tut mir sehr leid das er frühzeitig gestorben ist.

Deinen Bruder Pickerl habe ich auch sofort erkannt. Wenn man die Nase wegnimmt ist es mein Bild, die Nase ist aber die Slavkos. Glaubst Du nicht auch so? Nina sagt, das ich die Nase des Großvaters habe, Deinen Mund und Augenbrauen. Von woh ist den die Fotografie aus Prag. Ich kann mich nicht mehr erinnern. Jetzt habe ich wenigstens eine einzige auf der ich klein aufgenommen bin.

Und jetzt lass Dir einen großen Dank übergeben für Dein Kompliment, das ich gut deutsch schreibe. Im russischen gibt es eine Fidel: »Kukuschka chwalit petucha za to, hto chwalit on kukuschku – Der Kuckuk lobt den Hahn dafür, das er den Kuckuk lobt«. Diese zum Sprichwort gekommenen Zeilen sollen aber bei uns keinen Platz haben den ich will so schnell wie möglich wieder deutsch schreiben lernen, darum bitte ich Dich mich mit aller Strenge zu kontrolieren und dann alle Fehler zu schreiben. Du merkst auch bestimmt das ich den Satz nicht immer richtig zusammen setze, das kommt von dem das ich russisch denke und das ist ein nicht kleinerer Fehler als der gramatische.

Das ich Wien und Österreich vergessen habe, habe ich entweder nicht so geschrieben oder Du hast es nicht richtig verstanden. Mir kommt es vor das ein Wiener Wien niemals vergisst – Die Oper, Schönbrunn, den Prater, wenn man mals das gesehen hat vergisst man's nicht. I hob a unsern Dialeckt nett vagessn. Auserdem ist die Straus-musieck meine liebste. Obzwar Wien nicht rot ist, es bleibt doch Wien, und das Blut das in Wien vergossen wurde wird es schon rot machen, wir müssen nur kämpfen und die Hofnung nicht verlieren. Der Sieg kommt nicht von selbst, aber er kommt!

Über Deine Übersiedlung zu uns habe ich hier mit einem hochstehenden Genossen gesprochen. Er sagt Du sollst Dich an die russische Botschaft in Wien wenden. Versuche das und schreibe mir was das für einen Erfolg hatte.

1000000000 Bussi (So schrieb ich Dir aus dem Kinderheim)

Dein Sohn Karl

Kursk, den 27.1.54

Achtung! Photographie

Liebe Mutti!

Haben heute Deine drei Glückwünsch-Karten und Brief erhalten. Ich danke Dir vom ganzen Herzen für Dein oftes schreiben, jeder Deiner Briefe bringt mir große Freude. Obzwar dieser Brief mir mehr Schmerzen gebracht hat als Freude. Als ich ihn laß standen mir die Trähnen in den Augen.

Über Dein herkomen habe ich noch immer nirgenst hin geschrieben, ich wartete auf Dein Gesuch. Morgen schreibe ich auf jeden fall an die W. O. K. S. glaube aber das daraus nichts wird, gleichfalls, schreibe ich auch an das Ministerium für's äusere. Ich bin aber der Meinung, das Du nicht bitten musst sondern fordern. Du hast Dein Leben dem Klassenkampf geopfert, Du wurdest in den Kerker geschmissen weil Du K. P. Genosse warst, wurdest von den Faschisten mishandelt, hast Deine Gesundheit im Faschistischen Kerker verlohren und zuletzt fiel Dein älterer Sohn als Held im Kampf. Nach alledem hast Du den nicht das Recht, mit einem 53jährigen Alter bei Deinem Sohn zu sein und nicht vor Hunger zu sterben. Nein! Du hast Dir dieses Recht erkämpft, Du hast es erlitten! Nur ein Unmensch kann Dir das verbieten. Wende Dich an die Sowjetische Botschaft in Wien, dann werde ich sofort Deine Gesuche die hoffentlich im nächsten Brief sein werden sofort weiter schicken und wenn auch das keinen Erfolg hat dann kann nichts gemacht werden, dann muss ich zu Dir fahren.

Nina fühlt sich gut, Sie arbeitet jetzt nicht mehr. Ungefähr in einem Monat wird Sie schon Mutter sein. Leider ist es nicht möglich das Du zu dieser Zeit schon hier bist.

Kursk, den 30.1.54

Gestern habe ich Deinen Brief Nr. 8 vom 19.1. erhalten, ebenso die Bären, Katzen und Bienen habe ich bekommen was ich Dir sehr dankbar bin. Danke Dir auch sehr für die Stefanskirche. Ich kann mich noch erinnern als ich oben, auf dem Turm war. Von oben sieht man ganz Wien. Wenn ich mich nicht irre auch das Rathaus, auf welchem der eiserne Mann steht, den der Uhrgroßvater hinaufgezogen hat? Mutti, schicke mir mehr Ansichtskarten von Wien.

Erklärst Du Dir den wirklich nicht warum ich Deine Briefe nicht erhalten habe? Frag den Onkel Pickerl!

Mutti, wie lebt den Babinka Fanka? Ist Sie den ganz alein? Was macht Sie? Schreibe überhaupt alles über Sie. Sie kann doch bestimmt nicht ganz einsam in dem großen Haus wohnen.

Du glaubst bestimmt das wir uns ein Haus gebaut haben wie das z. b. des Großvaters. In wirklichkeit ist es aber blos ein Häuschen, ungefähr so eins wie in Wien am Lagerberg. Ein Gartenhaus, wenn man es so nennen darf, ein größeres brauchten wir ja auch nicht.

Mutti, warum verdient den in Österreich eine Frau weniger als ein Mann? Das ist doch unrecht. In der Sovjetunion ist es nicht so. Was und wieviel jeder macht soviel bekommt er auch, möge es eine Frau oder ein Mann sein. Wenn die Frau schwanger ist so darf sie ein Monat vor und ein Monat nach der Geburt nicht arbeiten, bekommt aber ihren ganzen Gehalt. Und wenn sie spähter wider arbeiten geht kann sie jeden Tag eine Stunde nach Hause gehen um das Kindchen zu nähren und für diese Stunde wird ihr auch bezahlt. Auserdem bekommt sie nach der Geburt vom Staat 300 Rubel. Nina, zum beispiel, arbeitet jetzt nicht mehr, bekommt aber Ihr Geld doch. Erzähle das euren Frauen, sie werden Dir bestimmt glauben den ein Sohn wird doch nie seine Mutter anlügen.

Nina näht wie Herrenkleider so auch Frauenkleider, aber nur auf der Fabrik. Zuhause näht sie nichts da wir noch keine Nähmaschine haben. Jetzt hat Sie schon angefangen für unser Kleines zu nähen. Auch ich habe ein Kinderbettchen gemacht. Ich glaube Spielsachen werde ich auch machen können.

Im vorigen Brief habe ich Dir meine Photographie geschickt, hoffe Du hast sie schon erhalten. Bitte schicke mir wenigstens ein Bild von Slavko.

Meine freie Zeit verbringe ich hauptsächlich mit den Büchern. Lese alles was mir unter die Hand kommt. Ich kann mich noch erinnern als Du die »Anna Karenina« gelesen hast, Du hast sie sogar laut vorgelesen, ich weiss zwar nicht wehm, weiss bloß das Du mich damals weggeschickt hast damit ich nicht zuhöre. Jetzt habe ich sie ungefähr zehn mal gelesen und immer wieder war es spannend. Habe auch alle anderen Bücher Lew Tolstois gelesen, »Krieg und Frieden«, »Sontag« u. s.w. Ich habe sie aber auf russisch gelesen, was unzweifelbar besser ist. Kannst du dich noch erinnern als Du mir »Emil und die Detektive« gekauft hast? Wie schön es sein wird wenn wir zusammenkommen, wir werden uns auf alles erinnern was früher war. Vieles wirst Du mir erzählen was ich vergessen habe.

In vier, fünf Tagen warte ich auf die Antwort auf den Brief vom 17.1., mich interessiert sehr was man Dir in der russischen Botschaft gesagt hat. Mir kommt vor das Du durch sie am besten her kommst.

Übergebe meine Grüße an Familie Benes und auch an Babinka Fanka.

Küssen Dich herzlich

Nina und Karl

P. S. An die W. O. K. S. habe ich geschrieben und habe Deinen vorletzten Brief beigelegt.

Kursk, den 4.2.1954

Du schreibst das ein Kind das von der Großmutter erzogen wird glücklich ist. Bei mir stimme ich aber nicht überein. Mit meiner Heirat hast Du zwar recht, kann Dich aber versichern das ich Nina mehr für Ihren Charakter als für Ihre schönheit geheiratet habe. Nicht alle Männer die schöne Frauen haben sind glücklich. Ich habe zwar das Glück auser einer schönen Frau auch einen treuen Freund und wunderbaren Menschen zu haben. Das kommt davon das ich nicht mit achtzehn und nicht mit zwanzig Jahren geheiratet habe.

Wie ich Dir schon geschrieben habe sitzt Nina jetzt schon zuhause. So das bald der Tag kommt wann ich Sie ins Entbindungsheim führen muss. Sie fürchtet und freut sich an den Tag.

Kursk, den 18.2.54

Mich wundert das Dir mein Beruf so gefällt, oder schreibst Du das um mich nicht zu betrüben. Erlich gesagt mir gefällt er nicht. Ich wollte was anderes werden als Hobler. Wie Du siehst kam aber nicht's heraus. Ich hoffe das es mir in der Zukunft gelingen wird doch was zu werden. Wie ich Dir schon geschrieben habe will ich im Herbst lernen gehen, wenn ich natürlich Zeit genug dazu habe.

Mutti, Du schreibst wenn ich es geschickt anfangen würde wärst Du zu der Zeit schon hier. Hängt den das von mir ab? Was ich machen kann wird gemacht, aber die Hauptsache hängt von dem Beschluss der Genossen in Moskau ab.

Du bist besorgt wo Du wohnen solst. Bei uns, in unserem Zimmer und mit uns zusammen. So wird es lustiger sein. Ich glaube das das Kleine Dich nicht stören wird und uns störst Du auch nicht.

Du fragst in jedem Brief wann das Kleine ankommt. Ich kann das doch nicht genau wissen. Der Arzt glaubt Mitte Februar, nach unserer Ansicht nach ungefär am 13./14. März. Übrigens im März ist es genau ein Jahr als ich nach Kursk, zu Nina gekommen bin. Man kann sagen, das das der Tag unserer Heirat war, obzwar wir offiziell, durchs Heiratsamt erst am 30. September registriert sind. Diesen März 53 werden wir nie vergessen. Wie Du ja weißt haben wir zwei Jahre regelmäßig geschrieben. Am 9. März schickte ich Ihr ein Telegramm in dem ein Wort stand. »Komme«.

Einen Hof haben wir, auch einen Gemüsegarten. Im Frühling wollen wir, wenn alles gut geht, uns Hühner kaufen und vielleicht auch ein Schwein. Dann werden wir Eier und Speck haben und brauchen es nicht mehr kaufen. Nina will auch eine Ziege haben, ich weiß aber noch nicht ob die Milch gut genug sein wird für ein Kind.

Mutti, ich weiß nicht warum, aber wenn ich Dir einen Brief schreibe kommt es mir vor als wenn ich noch immer der kleine Karli wär und Du die liebe, kluge, strenge Mutti. Beim Brief schreiben vergesse ich ganz daß ich schon dreißig Jahre alt bin und werde wieder klein und jung. Darum wundere Dich nicht wenn ich manchmal irgent eine Dummheit schreibe.

Nina fühlt sich gut. Sie näht jetzt den ganzen Tag Hemdchen u. s.w., für das spazierengehen ist es jetzt zu kalt. Bei uns ist ziemlich großer Frost. Vorgestern war es -36 Grad.

Kursk, den 23.2.54

Vor allem danken wir Dir nochmals für das, an uns abgeschickte Paket. Mutti, wir wissen daß Du nicht reich bist und darum danken wir Dir besonders herzlich.

Über das Resultat Deines Besuches im Z. K. der K.P.Ö. bin ich sehr erfreut. Wenn man dem Genossen eine Einwilligung gab, gibt man sie Dir auch ganz bestimmt.

Weiter muß ich Dir mitteilen, daß Du bald, ganz bald Großmutti wirst (Babuschka). Es ist möglich, daß Du diesen Brief bekommst und schon eine bist. Nina hatte gestern das erste mal schmerzen, der Arzt sagte, es ist das erste Anzeichen der baldigen Entbindung.

Nun werde ich Dir auf Deine Fragen antworten,

damit Du es den Leuten welche ein Interesse dafür haben erzählen kannst.

Ich verdiene 600 bis 700 Rubel monatlich, das sind natürlich nicht Schilling. Auch Nina verdient ungefähr so viel. Den Unterschied zwischen Rubel und Schilling kann man ja am besten nach dem Postporto vergleichen. Ein Rekomandierter Brief nach Wien kostet 1,10 Rubel, aus Wien, wie ich sehe, kostet er 6 bis 7 Schilling.

Seit Einundhalb Monaten ist Nina in Urlaub und bekommt monatlich den mittleren Verdienst der letzten drei Monate, also 650 Rubel. Erholungsheime, Kurbäder, Heilanstalten und Spitäler werden vom Staat bezahlt. Krankenkasse gibt es natürlich auch. Sie wird hier Prof-Sojus genannt. Vor einigen Wochen, zum beispiel war ich krank, diese Tage wurden mir bezahlt. Ärztliche Hilfe kostet nichts, sogar wenn man den Arzt ins Haus rufen muß. Ich kann mir gar nicht vorstellen, daß es anders sein kann. Wenn man also kein Geld hat wird man nicht geheilt? Weiter fragst Du ob Nina, zuhause oder in einer Klinik entbinden wird. Diese Frage wundert mich nicht weniger. In der Sowjet-Union entbindet man nur in der Klinik, in jedem größeren Dorf gibt es ein Entbindungsheim, welches mit den letzten Erungenschaften der Wissenschaft ausgestattet ist. Zahlen brauch man dort, natürlich auch nichts. Wie es dort aussieht kann ich Dir leider nicht schreiben, da diese Häuser nicht sehr anpassend sind für besuch der Männer.

So und jetzt über Kursk. Es ist eine sehr alte Stadt. Im Krieg wurde sie von den Faschisten stark zerstöhrt, jetzt aber ist das nicht mehr zu erkennen, alles wurde wieder aufgebaut, mit dem Unterschied, daß auf dem Platz wo früher alte Häuser standen, die zerstöhrt wurden, jetzt neue, schöne und lichte Häuser stehen. Wo man nicht hin sieht wird gebaut und gebaut. Auserdem wurde vom Staat sehr viel Geld avanciert für individuelle Häuser, auch wir, wie ich Dir schon geschrieben habe, haben uns ein Häuschen gebaut. Die geliehenen 5000 Rubel müssen wir in fünf Jahren abzahlen.

Kaufen kann man in Kursk was man will. Es gibt Straßenbahn, Autobus und Taxi. Es gibt ein Künstlertheater, einige Lichtspielhäuser, zwei Stadione u. s.w. Wenn Du zu uns kommst wirst Du es ja selbst sehen.

Sei umarmt und geküsst,

Deine Kinder Nina und Karl

22

Am Nachmittag macht Nina sich auf den Weg, ihr Kind zur Welt zu bringen. Es ist sehr kalt. Üblicherweise taut es Anfang Februar leicht, danach gebärdet sich ein Nachwinter noch einmal grimmig, aber den nimmt schon niemand mehr ernst. Jenes Tauwetter war heuer ausgeblieben. Minus zwanzig Grad zeigt das Thermometer. Es ist mit einem rostigen Nagel in die Rinde jener Pappel geschlagen, die vor 25 Jahren zu Ninas Geburt gepflanzt wurde, und es wäre vom Küchenfenster aus zu sehen, würden nicht Eisblumen die Sicht nehmen.

Drinnen ist es warm. Der schnarrende Radioempfänger strahlt nur ein Programm aus. Er hängt in einer Küchenecke an seinem Kabel, weil man nur so den Wackelkontakt überlistet. Es wird gemeldet: »Schwarzerdegebiet minus 25 mit maximal fünf Grad Erwärmung« für den heutigen Nachmittag. Danach erklingt fröhliche Marschmusik. Es ist ein Feiertag, das Land begeht den »Tag der Siegreichen Roten Armee«.

Es hat wenig geschneit in diesem Winter, zu kalt. Der Frost hat die nicht geteerten Wege zu einem unruhigen harten Relief erstarren lassen, das die Menschen stolpern lässt. Sehr langsam geht Nina, der Bauch nimmt ihr die Sicht auf den Boden. Sie trägt Handschuhe, und immer wieder steckt sie ihre Hände in einen Muff, den sie sich aus Pelzresten selbst genäht hat, und der ihr an einem Band um den hochgestellten Kragen hängt. In die Seitennähte ihres Wintermantels hat sie breite Streifen eingefügt, damit er sich über dem Bauch noch zuknöpfen lässt. Sie hat die Wintersonne im Rücken. Ihr ist warm. Ihr Mann, der Österreicher, und ihre Mutter Anastasia haben sich in ihren Betrieben freiwillig zum Feiertagsdienst einteilen lassen, dafür gibt es zwei freie Tage, die sie sich für die Zeit mit dem Neugeborenen aufsparen.

Ihren Mann nennt Nina immer noch bei jenem Namen, unter dem sie ihn im Gefangenenlager kennengelernt hat – Viktor. Überhaupt fällt es ihr schwer, ihn nicht als Russen zu sehen, sondern als Ausländer, noch dazu als »Deutschen«. Noch ist kein Jahr vergangen seit seiner Ankunft in Kursk nach der Entlassung aus dem GULag. Bereits zwei Tage später hat Karl im Sägewerk zu arbeiten begonnen. Nach einem verliebten Sommer sind sie aufs Standesamt und haben den frühestmöglichen Termin genommen. Auf der Hochzeitsfeier war der Bräutigam der einzig Fremde. In seiner Freizeit hat er Ninas Elternhaus, das sie mit ihrer Mutter Anastasia bewohnte, seit die Geschwister sich »nach oben« verheiratet haben, so umgebaut, dass das junge Paar ein Zimmer für sich hat. Er hat das marode Dach geflickt und im Sommer und Herbst mit der Schwiegermutter Unmengen an Gemüse und Obst eingelegt und in den Erdkeller geschafft. Energien hat der Mann. Und er kennt den Hunger.

Die Abstände zwischen den Wehen sind noch groß. Man hat sie in Vorträgen aufgeklärt und vorbereitet. Nina ist furchtlos. Wenn eine Wehe kommt, bleibt sie stehen, stützt die Hände gegen den Rücken und überblickt den zurückgelegten Weg. Noch geht sie in der Ebene, die Steigung beginnt erst hinter dem Fluss. Ihr Elternhaus liegt in einer Senke, die, wenngleich eingemeindet und nah dem Stadtzentrum, dörflichen Charakter hat. Wegen der jährlich wiederkehrenden Überschwemmungen hielt die Verwaltung es nicht für notwendig, die Wege zu asphaltieren oder eine Kanalisation zu legen. Lediglich mit Strom hat man die Häuser kürzlich versorgt, die Leitungen schwingen durch die Luft in einem Rhythmus, den die hohen Stämme aus rohem, noch ganz hellem Holz vorgeben und Lenins Wort über Elektrifizierung und Sozialismus verkünden.

Die Wehe vergeht und Nina setzt ihren Weg fort. Ihr Ziel liegt oben an der breiten Hauptstraße. Das Rathaus, das Postamt, zwei Kaufhäuser und ein Hotel umstehen den weiten »Roten Platz« mit der Lenin-Statue. Die Geburtsklinik, ein hellgrün gestrichener zweistöckiger Bau mit weißen Fensterrahmen, liegt etwas nach hinten versetzt, inmitten eines kleinen Parks. Sie hat dieses Gebäude in den vergangenen Monaten oft betreten, um sich untersuchen und belehren zu lassen.

Als die nächste Wehe sich ankündigt, ist Nina an der schmalen Brücke angekommen, hält sich am Holzgeländer fest und blickt nach unten. Die Begrenzungen des Flusses sind nicht auszumachen, seine Wasser sind ebenso hartgefroren wie seine Ufer. Dieser Fluss trennt Stadt und Land, die wie zwei Welten sind. Ihr Kind soll in die neue Welt geboren werden, in sterile Tücher, unter ärztlicher Aufsicht. Nina ist eine moderne sowjetische Frau. Sie ist stolz auf die Errungenschaften ihrer Heimat. Dass sie die erste Tochter in einer ganzen Reihe erster Töchter ist, hat für sie keine Bedeutung. Das, was Großmutter Jewgenija und Mutter Anastasia ihr Zeichen nennen, ist für Nina ein ganz gewöhnlicher Leberfleck.

Gleich nach der Holzbrücke beginnt die Steigung, an deren höchstem Punkt die Kirche steht. Drinnen lagern Maschinenteile eines Sägewerks, das auf dem Grundstück des ehemaligen

Klosters errichtet worden ist. Im Sommer riecht es nach Schmieröl und Holz. Nina weiß, dass ihr Kind heimlich getauft werden wird. Ihre Mutter ist noch in der Zeit vor der Revolution aufgewachsen, sie ist gläubig und abergläubisch, die einen halten sie für eine Heilerin, die anderen für eine Hexe. Wir, die neue Generation, werden sie gewähren lassen, denkt Nina, dass sie den Säugling zum Popen bringt, der in seiner Küche das Spülbecken mit warmem Wasser aus der kommunalen Leitung füllen und ein paar Tropfen Geweihtes aus einem Fläschchen dazugeben wird. Die Großmutter wird er mit ihrem Ellenbogen die Temperatur prüfen lassen, bevor er ihr Enkelkind dreimal darin eintaucht, während er seine Beschwörungen in einer alten Sprache singen wird. Vorher wird er mit einer Schere einige Spitzen vom Flaum am Köpfchen abschneiden und damit das Böse entfernen, das der neugeborene Mensch aus dem anderen, dem dunklen Dasein mit auf die Erde gebracht hat. Dieses Büschel wird er mangels eines Altarraums, hinter dem die Teufelshaare der Täuflinge aufbewahrt werden müssten, in ein Kästchen geben und so lange warten, bis wieder andere Zeiten anbrechen. Nina lächelt. Das wird ihrem Kind sicherlich nicht schaden.

Noch ist es Nachmittag, aber die Dämmerung lässt sich schon ahnen. Die Hälfte des Anstiegs ist geschafft. Nina kann jetzt die ganze Siedlung überblicken. Flecken alten Schnees liegen auf braunen Dächern. Die Häuser wirken wie eingegraben in die Landschaft, als hätten sie sich unter der neuen Zeit weggeduckt, als die Einzug gehalten hat. Sie hängt an diesen armseligen Hütten, den Gerüchen ihrer Kindheit, den Gärten mit ihren Früchten, den frischen und den eingelegten. Sie liebt die Tage der alljährlichen Überschwemmung. Das Wasser kommt schnell, und der Alltag verlangsamt sich. Bald wird man der jungen Familie vielleicht eine Wohnung in einem jener Bauten anbieten, die die staatlichen Brigaden in der Oberstadt hochziehen. Die meisten dieser Häuser haben fünf Etagen, manche sogar neun. Viktor spricht immer öfter von Österreich. Nina mag diesen Gedanken nicht.

Der Himmel ist wolkenlos. Nur am Horizont deckt sich die Sonne jetzt mit ein paar dünnen gelbgrauen Streifen zu und dreht sich weg. Zu dieser Stunde sollte niemand schlafen, warnen die alten Frauen, die untergehende Sonne würde die wehrlose Seele des Schlafenden mitnehmen, er müsste eine ganze schwarze Nacht lang ohne seine Seele bleiben und würde sie erst am nächsten Morgen wiederbekommen. Manchmal verirrt sich eine Seele aber auch und findet nicht mehr zu ihrem Menschen zurück.

Die Erinnerung an jenen Tag und an jenen Ort kommt hinterrücks, wie immer. Dabei ist dieser Ort von da, wo Nina jetzt steht, gar nicht zu sehen, er liegt wenige Kilometer flussaufwärts. Und jener Tag war – ganz anders als der heutige – einer der heißesten des Frühsommers. Alles war anders in jenem Jahr 1943. Selbst der Junischnee fiel – infolge eines langen Winters – erst im Juli. Mehr als elf Jahre ist das jetzt her, so lange, denkt sie, und immer noch schneidet der Schmerz in die Brust. In jenem Sommer waren die Felder rings um die Stadt Schauplatz der größten Panzerschlacht des Krieges. Ihr Vater, der sanfte Fjodor, ist als Reservist nicht zur Armee eingezogen, was einmal mehr den Neid der Nachbarn weckt. Wie hat es dieser Mann geschafft, Frau und drei Kinder durch den Großen Hunger der 1930er Jahre zu bringen, wo doch fast jede Familie Opfer zu beklagen hatte? Sein Sohn ist noch zu jung zum Kämpfen, während man täglich eine Verständigung über Tod oder Verstümmelung von Söhnen oder Männern fürchtet. Von Beruf Feinmechaniker, kümmert Fjodor sich um die Wartung von Gerätschaften und Waffen. Jeden Morgen hat er sich in einem Kontor in der Oberstadt zum Dienst zu melden. Von dort aus bringt man ihn an die jeweilige Arbeitsstätte. Als die Front der Stadt schon sehr nahe gekommen ist, geht er morgens aus dem Haus und kehrt abends nicht zurück. Am nächsten Tag geht Anastasia zum Kontor nachfragen und schickt ihre Älteste, die dreizehnjährige Nina, zum Schlachtfeld, nach dem Vater zu suchen.

Die Armee kann sich um die Toten nicht kümmern, der Krieg benötigt sein Personal schon anderswo. So bleibt das Geschäft des Aufräumens der Zivilbevölkerung überlassen. Frauen und Kinder gehen herum auf der Suche nach vermissten Vätern, Ehemännern, Söhnen, Brüdern. Andere tragen tote Soldaten in den Schatten einer Scheune, dort graben alte Männer und Halbwüchsige viel zu flache Gräber in die hartgebackene Erde – die Hitze erfordert rasche Begräbnisse. Keine Zeit, die eigenen Leute und die fremden zu sortieren. Diese Deutschen sind jetzt keine Feinde mehr.

Nina schaut den Toten ins Gesicht. Manchmal muss sie dazu einen Kopf anheben, einen Körper wenden. Bei jedem einzelnen die Hoffnung: Das ist er! Bei jedem einzelnen die Angst: Das ist er! Sie wird ihn nicht finden an diesem Tag, nicht am nächsten oder an irgendeinem anderen, nicht in ihrem ganzen Leben. Ein Verdacht wird sie fortan quälen: Ich habe meinem toten Vater ins Gesicht geblickt, doch ich hätte es nicht ertragen, und so habe ich mich geweigert, ihn zu erkennen.

Es ist dunkel geworden. Nina wendet sich wieder der Stadt zu, den Klängen, die ihr seit einiger Zeit schon entgegenwehen.

Noch wenige Schritte, und sie hat die hell erleuchtete Hauptstraße erreicht. Sie atmet schneller. Es ist jetzt doch beschwerlich, zwischen den Wehen, die immer öfter kommen, die letzte Steigung zu nehmen. An der Ecke wendet sie sich nach links und hat ihr Ziel auch schon im Blick. Ein letztes Mal bleibt sie stehen, wischt sich Schweißtröpfchen von Stirn und Oberlippe und wartet, bis sich ihr Atem beruhigt. Die Straße ist mit Girlanden aus bunten Glühbirnen geschmückt. Für diesen einen Tag hat man Kioske aufgestellt, an denen es Dinge zu kaufen gibt, die man sonst nur schwer bekommt. Die Menschen sind in Feiertagslaune. Paare halten einander untergehakt. Dick eingemummte Kinder sitzen auf den Schultern ihrer Väter und schwenken rote Fähnchen. Männer und Frauen haben sich glänzende Orden an die Aufschläge ihrer Wintermäntel geheftet. Alle sind sie Helden, einige sind schon beschwipst. Aus den Lautsprechern an den Lichtmasten schmettert Musik, unterbrochen von pathetisch vorgetragenen Losungen. Sie muss lächeln: Wie feierlich mein Kind in dieser Welt willkommen geheißen wird. Jetzt noch die Arbeit einer Nacht, denkt sie, als die Frau in Schwesterntracht das Tor für Nina und ihre erste Tochter öffnet.

23

Kursk, den 26.2.54

Liebe Mutti!

Gestern habe ich Deinen Brief vom 15.2. und Dein Telegramm erhalten. Wir danken Euch, Dir und Familie Benes, herzlich für Eure Glückwünsche. Dein Telegramm und Brief habe ich Nina übergeben lassen. Sie dankt Dir sehr und bittet mich, Dir zu schreiben, daß sie und unsere Kleine gesund und heiter sind. Weiter schreibt sie, daß die Kleine dick, rund und stumpfnasig ist. Leider muß ich noch eine ganze Woche warten bis ich sie zu sehen bekomme. Mit diesem werde ich nie einverstanden sein. Der Vater kann ganze acht Tage sein Töchterchen nicht zu sehen bekommen. Das ist doch nicht gerecht, sie sollten sie wenigstens durch ein Fensterchen zeigen, wollen aber gar nicht zuhören wenn man es ihnen sagt. Das ist bestimmt darum, daß dort lauter Frauen arbeiten, welche nicht verstehen wollen, daß ein Vater sich auch nach seiner Kleinen sehnt. Ich muß also dulden und warten.

Und nun zu Deinem Brief. Daß der Konsul zu Dir freundlich war freut mich sehr. Ich glaube, daß dieses der beste und einzige Schritt ist um Deine Einreise zu erreichen. Daß es lang dauern wird ist klar, man kann doch nicht jeden her lassen. Dir wird man es bestimmt erlauben.

Ich bin überzeugt, daß wenn Du mal hier bist erlernst Du in zwei, drei Monaten die russische Sprache besser als wenn Du zwei, drei Jahre über Deinen Büchern studierst. Also nimm Dir jetzt nicht so viel Mühe, ruhe Dich in dieser Zeit lieber ein bischen aus und schone Deine Gesundheit. Du musst nicht nur für sich gesund sein, auch für uns musst Du es sein.

Daß sich Nina aufrichtig freut über Deine Briefe ist eine unumstößliche Wahrheit. Du wirst sie schon kennen lernen, sie ist ein wundervoller Mensch. Als ich noch nicht wußte ob Du am Leben bist saß ich oft tief in die Nacht hinein in Erinnerungen an Dich und wie oft tröstete sie mich. Sie sagte immer, daß wir Dich finden werden und bis dort hin wird sie Dich ersetzen und sie war mir wirklich Frau und Mutter. Wie glücklich sie aber jetzt ist! Sie hatte immer für Kinder eine große Vorliebe und zugleich fürchtete sie sich, daß sie nie ein Kind haben wird. Jetzt haben wir aber Dich gefunden und ein Töchterchen.

Daß meine Briefe eine gute Propaganda sind weiß ich ja, darum schrieb ich Dir im vorvorigen Brief so ausführlich. Mich freut auch daß Du zwischen den Zeilen lesen kannst. Schreibe mir was Du zu wissen brauchst. Wenn Du eine Reportage über das Elend in Österreich schicken willst, werde ich probieren sie in irgent eine Zeitschrift zu schicken. Ich werde aber erst hinschreiben um zu erfahren was man braucht. Wird es aber bei euch durchgelassen?

Kursk, den 4.3.54

Am 28. hat man mir mitgeteilt, daß Dein Paket Nr. 1 angekommen ist. Ich lief wie ein Wilder auf die Post, aber … O weh! Um es zu bekommen, muss ich erst 2390 Rubel Zoll zahlen, was ich natürlich nicht habe. Da mußte ich erst einige Jahre gut sparen. Nina habe ich noch nichts davon erzählt, den sie würde sich sehr aufregen, den sie wartete auch mit großer Ungeduld. Rege Dich aber nicht auf, es ist nicht so schrecklich wie es aussieht, noch auf der Post sagte man mir ich soll nach Moskau, ins Zollamt schreiben und von dort kommt dann ganz bestimmt die Erlaubnis und man wird es mir geben. (Ohne zu zahlen) Schreibe auch Du auf jeden Fall ein Gesuch hin. Die Adresse lautet:

Moskau, P. E.R. Nr. 7

Hier ist nicht's zu erstaunen, daß man so viel Zoll nimmt, es muß so gemacht werden, daß es keine Spekulation gibt. Die Genossen im Zollamt können doch nicht wissen, daß Du als Mutti uns ein Geschenk machen willst. Du mußt erst mal in der Sowjet-Botschaft, oder in der Österreich-Sowjetischen Gesellschaft nachfragen wie das gemacht werden muß, den sehr viele bekommen Pakete von ihren Söhnen die in Wien in der Sovjet-Armee dienen, und sie brauchen natürlich keinen Zoll zahlen. Und auch Dir wird man es so machen können. Am besten wär es aber, wenn Du bei der Herfahrt alles mit nimmst.

So und jetzt zu Deinem Brief. Du schreibst daß Deine Briefe bestimmt irgendwoh stecken bleiben. Das ist doch ganz klar, sie müssen doch durchschaut werden. Stell Dir vor, wenn man Briefe, ohne sie zu kontrolieren durchlassen tät. Da könnte doch jeder Spion durch die Post Verbindung haben und Du weißt auch bestimmt, daß die amerikanischen Kriegshetzer viel Geld zahlen um in die Sovjet-Union Spione zu schicken und da müssen wir gut acht geben, damit diese Hunde uns nicht stören können.

Du freust Dich also darüber, daß Du mit uns in einem Zimmer leben wirst und ich hatte Angst, daß es Dir vielleicht nicht gefallen wird. Auch Nina hatte die selbe Furcht, jetzt freut sie sich aber mit mir zusammen.

Mutti, Du hast recht, Slavko hat uns die Kleine genau an seinem Geburtstag geschickt. Mutti, ich weiß nicht warum, habe auch keinen Grund dazu, aber ich habe ein Gefühl als wenn Slavko doch am Leben ist. Als wenn an einem Tag an Babinka Fanka eine Nachricht von Ihm kommen muß, den Deine Adresse kennt er ja nicht. Als ich auf sein Bild sah, welches Du uns geschickt hast, erinnerte ich mich an alle Kleinigkeiten. Er war ein sehr guter Bruder, ich verstand es damals noch nicht und es tut mir sehr leid.

Weiter bekam ich einen Brief aus dem Ministerium fürs Ausländische in dem man mir berichtet, daß Du Dich selbst an die Sovjetische Botschaft wenden sollst. Dieses ist die Antwort auf unsere Gesuche an Gen. Woroschilov und Malenkov, unsere Gesuche wurden dort hin übergeben und erst von dort bekam ich Antwort. Ich schicke sie Dir in diesem Brief. Jetzt heist es zu wünschen, damit es möglichst schnell geht. Ich werde auch an die Botschaft in Wien schreiben, vielleicht wird es helfen.

Mutti, ich bitte Dich rege Dich nicht wegen dem Paket auf. In ungefähr zwanzig Tagen habe ich es, davon kannst Du überzeugt sein.

Kursk, den 7.3.54

Gestern habe ich sie beide aus der Klinik abgeholt. Wie lieb unsere Kleine ist! Aber klein wie eine Puppe, ich fürchte mich, sie in die Hand zu nehmen, sie ist so ein kleines, zartes Geschöpf, daß man Angst hat sie zu zerdrücken. Auch Nina hat so ein Gefühl.

Wie es hier Sitte ist, mußten wir den Tag, an dem man das Kind Heim bringt feiern. Zu uns kam Ninas Schwester mit ihrem Gatten, ihr Bruder Ljonja mit seiner Frau und einem Freund und eine Kusine. Auch ich war ein bischen betrunken, was sehr selten ist, den ich trink nur wenn irgent ein Auserordentlicher Tag ist.

Seit einigen Tagen haben wir wunderbares Wetter, der Frühling steht schon an der Tür. Bald werden wir, um in die Stadt zu gelangen, im Boot fahren müssen. Wir leben zwischen zwei Flüssen, welche jedes Jahr, im Frühling aus den Ufern treten und sich in einen großen See vereinigen, aus dem blos die Häuser herausstecken. Du kannst Dir vorstellen welcher schöner Anblick das ist. Bei diesen Überschwemmungen gibt es natürlich nichts gefärliches, da sie viele, viele Jahre immer in einer Zeit und die selben sind, und wie groß die Überschwemmung nicht sein mag, die Häuser bleiben über Wasser.

(von Nina, deutsch)

Meine liebe Mutter!

Gestern bin ich mit unserem Kleinchen nach Haus gekommen. Karl brachte mir ins Entbindungs-Heim alle Deine Briefe und Karten. Ich hatte unendliche Freude.

Jetzt, da ich selbst Mutter bin, verstehe ich wie schwer es Dir ist so lange Deine Kinder nicht zu sehen. Als ich auf Slavkos Bild sah, fühlte ich ein Würgen in der Kehle. Ich verstehe jetzt wie schwer es Dir ist mit Deinem Kind voneinander getrennt zu sein.

Unsere Tochter haben wir zum Andenken an Onkel Slawoljub genannt. Sie ist sehr lieb, ich habe blos Angst wenn sie weint.

Viele Bussi

Deine Nina.

Kursk, den 20.3.54

Das Paket war in bester Ordnung. Du kannst Dir aber nicht vorstellen welche Freude wir hatten beim auspacken, Nina tanzte wie ein Kind herum, sie probierte alles sofort an und wollte in Deinem Nachthemd zu Bett gehen, der Geruch der Desinfektion war mir aber zu unangenehm. Heute hat sie die Baby-Garnitur, und das Manikürmesser auf die Fabrick getragen, um es den Freundinnen zu zeigen. Das gemußterte Seidenkleid ist ihr wirklich bischen zu eng, sie hat es aber schon angefangen umzunähen und am 1. Mai will sie es auf die Demonstration anziehen. Der Busenhalter ist ihr viel zu groß und ich hoffe Du wirst nichts dagegen haben wenn wir ihn Ninas Schwester schenken. Der Mantel ist mir zu kurz und zu breit, das macht aber nichts, wir werden ihn umnähen lassen, der Stoff ist wirklich wunderbar, der Pyjama war mir auch ein bischen zu kurz ich habe ihn aber unten aufgetrennt und so ist er gut.

Kursk, den 27.4.54

In diesem Jahr, wie ich Dir schon geschrieben habe, gab es keine Überschwemmung. Auch bei den größten Überschwemmungen dringt das Wasser nicht in die Wohnung, aber zwei, drei Meter vom Haus steht es. Da müssen wir halt alles vom Hof wegräumen, Holz, Kohle u.s.w. Unser Garten ist nicht sehr groß, 0,6 ha. Wir bauen auf diesem Feldchen nur Gemüse an, hauptsächlich Kartoffel, Tomaten, Gurken und Kraut.

An den sowjetischen Hochkommisar werde ich schreiben, glaube aber nicht, daß er mir antworten wird.

So und jetzt über die Kirchen: Niemanden wird verboten zu glauben. Auch unsere Nichten wurden getauft, ich glaube man hat sie einfach in warmes Wasser gesteckt, irgent etwas dazu gesagt und die Sache war gemacht. Im Pravoslavniy Glauben ist es aber ein bischen anders. Es gibt, einen so genannten Taufvater und Taufmutter. Sage also Deinen Mitarbeitern, sie sollen den Ami nicht glauben und wenn sie es wünschen fotografieren wir unseren Pfarrer. Er schaut hier sehr lustig aus, hat Haare wie eine Frau.

Vielleicht ist für Eva die Vorstellung letztlich doch abschreckend gewesen, mit Sohn, Schwiegertochter und Säugling in einem Raum eines primitiven Holzhauses zu wohnen, unter einem Dach mit Ninas Mutter Anastasia, die nach alter Weise in einer gemauerten Ofennische in der Küche schläft, einem Haus ohne Wasser, ohne Kanalisation? Oder waren ihr die Überschwemmungen unheimlich, die Gartenarbeit, die geplante Anschaffung eines Schweins? Mit einem Mal ist jedenfalls nicht mehr von ihrer Übersiedlung nach Kursk die Rede, sondern umgekehrt: Karl soll mit Frau und Kind nach Österreich kommen. Möglicherweise gibt auch der bevorstehende Abschluss des Staatsvertrags dazu Hoffnung.

Aus der »Rathauskorrespondenz April 1955«

Die sowjetische Delegation teilte der österreichischen Delegation mit, dass das Präsidium des Obersten Sowjets der UdSSR zugesagt habe, das Ersuchen des Bundespräsidenten Dr. h.c. Theodor Körner um die Heimkehr der Österreicher, die eine Strafe auf Grund von Urteilen sowjetischer Gerichtsorgane verbüßen, wohlwollend zu überprüfen. Nach dem Abzug der sowjetischen Besatzungstruppen aus Österreich werden auf dem Gebiet der Sowjetunion keine Kriegsgefangenen und angehaltene Zivilpersonen österreichischer Staatsbürgerschaft verbleiben.

Kursk, den 19.5.54

So und jetzt über Ninas Mitfahrt.

Du hast ganz recht, Nina hat das Recht sich zu entscheiden. Aber stell Dir vor, daß sie sich nie vom Platz gerührt hat, sie hat Angst vor allem. Deinen Brief habe ich ihr übersetzt und wie ich es erwartet habe, sie hat den Inhalt nicht so verstanden wie Du es wolltest. Mutti, nicht so mußt Du schreiben, versuche ihr zu beweisen, daß Du sie nicht weniger als mich liebst, daß Deine Liebe und die Liebe Deiner Freundinen und Bekannten, ihr möglicherweise die Liebe ihrer Freundinnen ersätzen kann. Daß sie vielleicht, umringt von Deiner Liebe, nicht so Heimweh haben wird u. s.w. Ehrlich gesagt, sie weiß selbst nicht was sie will. Sie will und hat Angst, versuche also Du ihr zu beweisen, daß man keine Angst zu haben braucht. Es gibt doch in Wien auch eine K. P. und ich bin überzeugt, daß sie eine treue Genossin sein wird, dieses alles muß man ihr auseinandersetzen und erklären. Auserdem wird sie doch nicht allein dort sein, es sind doch viele Landsleute in Wien. Mir wird es natürlich nicht leicht sein ohne meine Familie, ich habe sie beide lieb. Versuche es also, hilf mir, alles zu machen um zusammen zu Dir zu kommen.

Weiter schreibst Du, daß es schwer sein wird die Reise für die beiden zu erreichen. Du hast recht, aber es muß doch alles gemacht werden, auserdem gibt es ein Gesetz welches erlaubt einer Frau und Kind mit ihrem Mann zu fahren, wenn er Ausländer ist. Also, Mutti, versuche es. Meine ganze Hoffnung liegt an Dir. Wenn nichts daraus wird, komm ich eben allein. Über das, daß Nina vielleicht die Kleine mit mir läßt, ist gar nicht zu denken. Ich habe Dir doch geschrieben, daß Nina eine gute Mutter ist. Gestern, z. b. kam sie zu Mittag nicht nach Hause um die kleine zu füttern weil regen war und am Abend kam sie Heim ganz rot vom laufen. Mutti, sie liebt das Kind, liebt mich und mir wär es sehr leid, sie hier zu lassen. Als ich ihr Deinen Brief übersetzt habe standen ihr Tränen in den Augen und jetzt hält sie die kleine und weint, warum weiß sie ja selbst nicht. Auf jeden fall bin ich überzeugt, wenn Du Dich anstrengst bekommst Du die Bewilligung für alle drei.

Kursk, den 23.5.54

Du bittest ich soll Dir meine Ereignisse schreiben. Mutti, ich bin überzeugt, daß Du den Brief nicht bekommst und auserdem will ich meine Lage nicht verschlechtern. Zu schämen brauch ich mich nicht, um aber meine Unschuld zu beweisen ist es besser persönlich diese Sache zu besprechen. Daß fast zwölf Jahre der schönsten Zeit des Lebens verdorben sind weißt Du ja. An allem ist der verfluchte Krieg und meine Staatenlosigkeit schuld.

Kursk, den 30.5.54

Mutti, jeden Tag warte ich auf eine Nachricht, daß wir schon zu Dir fahren können. Nina hat jetzt Angst, daß man ihr nicht erlauben wird mit mir zu fahren. Mutti, bitte, bitte so schnell wie möglich. Zu meinem Geburtstag muß ich bei Dir sein!!!!!!

Eine große Freude habe ich, daß man Dir jetzt endlich eine schöne, warme und lichte Wohnung gibt. Für Deine Gesundheit wird es ganz bestimmt viel besser sein.

Mutti, Du kannst Dir nicht vorstellen mit welcher Ungeduld ich auf die Zusammenkunft mit Euch warte. Du und Pickerl, das sind die einzigen Menschen auf der Welt, die mich verstehen können. Ist es den wirklich möglich, daß das was ich so viele Jahre nicht zu träumen wagte jetzt in erfüllung kommt? Ich werde Dich und Pickerl sehen, werde mit euch sprechen! Hurra!!!

Kursk, den 2.1.55

Mutti, die Antwort aus der Botschaft ist da. Sie schreiben:

Die österr. Botschaft in der U. d.S. S.R. bestätigt den Empfang Ihres Schreibens vom 12.9.54 und teilt Ihnen mit, daß sie bereits in der Lage ist, Ihnen einen österr. Reisepaß auszustellen. Da jedoch bis jetzt die Ausfertigung österr. Reisedokumente für Ihre Gattin und Ihr Kind noch nicht feststeht – Sie können aber in nächster Zeit höchstwahrscheinlich damit rechnen – übersendet Ihnen die Botschaft einstweilen noch nicht Ihren Paß, in dem unter Umständen noch Anmerkungen einzutragen sein werden.

Wegen der Erteilung der Ausreiseerlaubnis für Ihre Familie ist die Botschaft an das hiesige Ministerium des Äußeren herangetreten. Betreiben Sie jedoch auch selbst unentwegt diese Sache.

Für die Botschaft / Schwarz/

Kursk, den 16.2.55

Nun, Mutti, wünsche ich Dir Erfolg im schreiben für den Chaplin-Wettbewerb. Welche Freude hätte ich wenn ich ein exemplar von so einem Buch hätte, in dem der Autor selbst hineingeschrieben hat, daß sie es ihrem Sohn schenkt! Mutti, und wenn Du es fertig bringst – und ich bin überzeugt, daß Du es kannst – widme es unserem lieben Slavko. Slavko sprach sehr oft davon, daß er ein Buch schreiben will und das, was er nicht machen konnte, da er wahrscheinlich gefallen ist, machst jetzt Du und wer weiß, vielleicht kann auch ich Dir behilflich werden.

Kursk, den 20.3.55

Gestern war ein sehr freudiger Tag bei uns, der Briefträger brachte uns außer Deinen zwei Briefen (einen an Nina, zum 8. März) und der Zeitschrift auch endlich den Reisepaß für mich und einen Brief aus der Botschaft.

Schreibe Dir die genaue Abschrift, des von der Botschaft erhaltenen Briefes, aus ihm wirst Du alle Einzelheiten, welche mir bevorstehen, verstehen:

Die österreichische Botschaft in der U. d.S. S.R.. bestätigt den Empfang Ihres Schreibens vom 1., sowie Ihres Schreibens vom 3. Jänner 55 und übersendet Ihnen mit Bezug darauf und auf das mit Ihnen geführte Telephongespräch den österreichischen Reisepaß No. 88/3478/IV/54, Serie A, No. o l.5384, ausgestellt am 14. März 1955, gültig bis zum Tage Ihrer Heimkehr nach Österreich, jedoch längstens bis zum 13. März 1960. Mit diesem Paß wollen Sie bei der für Ihren Wohnort zuständigen Milizbehörde um ein sowjetisches Ausreisevisum ansuchen, wobei Sie als Grenzstation die sowjetische Stadt Tschop an der ungarischen Grenze angeben wollen.
Ein österreichisches Einreise- oder ein ungarisches Durchreisevisum brauchen Sie nicht.
Schreiben Sie bitte sofort der Botschaft, sobald Sie in obiger Angelegenheit an Ihr zuständiges O. W.I.R. herangetreten sind und geben Sie auch die genaue Anschrift der betreffenden Milizbehörde bekannt, da die Botschaft sofort nach Erhalt Ihres diesbezüglichen Briefes an das hiesige Ministerium des Äußeren mit der Bitte um rasche Erledigung des Ausreisegesuches herantreten wird.

Schließlich werden Sie noch ersucht, den Paß sofort nach Erhalt auf Seite 3 zu unterschreiben.
Selbstverständlich wird Ihnen die Botschaft nach Erteilung des sowjetischen Ausreisevisums, wovon Sie sofort der Botschaft Mitteilung machen mögen, bei der Heimreise auch finanziell behilflich sein. Darüber brauchen Sie sich keine Sorgen zu machen.
Die Ausreise Ihrer Frau und Tochter hängt allerdings allein von den Sowjetbehörden ab; die Botschaft kann hierin nur um positive Erledigung ersuchen.

Mit freundlichem Gruß
Dr. Schwarz

Nochmals, Mutti, danke ich von ganzem Herzen Onkel Otto, Dr. Felix Propper, Herrn Pfarrer Hans Rieger, Onkel Pickerl und Dir natürlich für das viele welches gemacht wurde um meine Heimreise zu ermöglichen. Mein Reisepaß ist die Frucht eurer Anstrengung. Großen, großen Dank!

Kursk, den 4.4.55

Also Karl Münichreiter hast Du gefunden? Nun ihn zu finden, glaube ich, war ja nicht sehr schwer, denn er ist der Sohn des selben Münichreiters der 1934 von den Dolfus-Faschisten aufgehengt wurde. Nun wenn er in Wien ist bin ich überzeugt, daß auch alle anderen dort sind und kann mir jetzt erklären warum ich niemand in Moskau gefunden habe.

Es wird bis zum Oktober 1956 dauern, bis alle Formalitäten erledigt sind. Karl fährt nach über 22-jähriger Abwesenheit in Begleitung von Frau und Kind zurück in seine Geburtsstadt.

24

Den Tag verbringt Nina mit dem Kleinkind und der Schwiegermutter in der Gemeindewohnung im neunzehnten Bezirk. Der Mann mit den zwei Namen – Karl, Viktor – hat rasch die Hilfsarbeitertätigkeiten hinter sich gelassen – Straßenkehrer, Müllabfuhr – und arbeitet jetzt als Straßenbahnschaffner für die Wiener Verkehrsbetriebe. Er möchte es seiner Mutter gleichtun und hat sich um Aufnahme in der Arbeitermittelschule beworben, vielleicht klappt es schon im nächsten Herbst. Seine Mutter Eva plant, sich wegen Invalidität frühzeitig pensionieren zu lassen und sich ihren lebenslangen Traum von einem Studium zu erfüllen. Der Andrang zur Arbeitermittelschule ist in jenen Jahren groß. Viele junge Menschen waren um eine Schulbildung, um ihre Matura betrogen worden. Einige der aus dem sowjetischen Exil zurückgekehrten Jugendfreunde haben ähnlich ehrgeizige Pläne. Auch Erika, einst waren sie und sein Bruder Slavko ein Liebespaar, bereitet sich auf die Aufnahmeprüfung vor. Sie und Eva haben sich angefreundet und nehmen die gemeinsame Sache sehr ernst. Jede freie Minute verbringen die Sekretärin und die Hilfsdolmetscherin mit Lernen und Sich-gegenseitig-Abfragen. Jeden Samstag versammelt sich eine Lerngruppe in Evas Zimmer. Hier ist viel Platz. Die Gemeindewohnung mit den drei Zimmern wurde ihr zugeteilt, weil der Zuzug von Sohn samt Ehefrau und Kind in Aussicht stand.

Alle haben Pläne. Alle sind optimistisch. Man bricht auf in eine neue Zukunft. Nur Nina ist unglücklich in dieser fremden Welt. Karl hat ihr eine alte Nähmaschine besorgt, damit sie beschäftigt ist, und er selbst beginnt gleich zu arbeiten. Er macht sich sofort auf die Suche nach alten Freunden – die scheinen ihm wichtiger zu sein als seine Ehefrau, die sich so schwertut mit allem hier. Mit der Schwiegermutter, die Tschechisch mit ihr spricht und meint, als Russin müsste sie es verstehen, will es überhaupt nicht klappen. Deren Vorstellungen von einer Schwiegertochter passen nicht auf die junge Frau. Wie ein Haushalt zu führen und ein Kind zu erziehen sei, passt wiederum mit Ninas Vorstellungen überhaupt nicht zusammen. Nina beschließt, so bald wie möglich nach Kursk zurückzukehren.

Sie sucht die sowjetische Botschaft auf, um die Reise zu organisieren. Dort klärt man sie auf, dass sie nicht einfach so ihr Kind mitnehmen dürfe. So seien die Gesetze hier. Der Vater habe das alleinige Recht, über den Aufenthaltsort seiner Kinder zu bestimmen. Dazu komme, dass ein Kind in Österreich automatisch die Staatsbürgerschaft des Vaters erhält. Nina müsse eine schriftliche Einverständniserklärung von ihm einholen. Anders sei an eine Ausreise nicht zu denken.

Nina ahnt, dass Karl ihr dieses Einverständnis verweigern würde. Ihre vorsichtigen Versuche, ihn dazu zu bewegen, er möge ihr erlauben, die Mutter in Kursk zu besuchen, weist er entschieden von sich. »Ihr bleibt hier.« Später: »Du kannst fahren, aber das Kind lässt du hier.«

Wieder sitzt Nina in der Botschaft, in Tränen. Man bedaure, aber könne ihr nicht helfen. Eine Mitarbeiterin begleitet sie hinaus und murmelt ihr dabei etwas ins Ohr, samt Warnung: »Das hab ich nie gesagt.«

Es ist Ende Februar, und das Töchterchen feiert seinen zweiten Geburtstag. Karl schenkt der Kleinen ein Bilderbuch. »Schreib ihr doch eine Widmung hinein«, bittet Nina. »Was soll ich denn schreiben? Sie kann ja noch gar nicht lesen.« »Später wird sie es können. Schreib ›Zur Erinnerung‹ oder sowas.« Ninas Herz klopft wild.

Karl nimmt seine Füllfeder und schreibt: »Meinem Töchterchen zur Erinnerung an deinen lieben Papa.« Dann setzt er noch seine Unterschrift darunter, und das Datum.

Die Sowjets akzeptieren diese Zeilen als Abschiedsworte und Einverständnis des Vaters, und die Botschaft übernimmt die Kosten der Fahrkarte. Weil aber die Sache schon ein bisschen hinkt, bringt man Nina und das Kind für drei Nächte in einem Hotel im dritten Bezirk unter. Der Zug nach Moskau fährt nur zweimal wöchentlich vom Ostbahnhof ab. Der nächste geht am Donnerstag.

Als Karl am Montagabend bemerkt, dass Frau und Tochter weg sind, ebenso Ninas Koffer, beginnt er sofort hektisch zu suchen. Er klappert zuerst die Freunde ab, ob die etwas wissen. Dann fragt er herum, wo die Botschaft ihre Besucher unterbringt. Er ahnt, was Nina plant. Am Dienstagabend hat er den Namen des Hotels auf der Landstraßer Hauptstraße herausgefunden. Mittwoch früh meldet er sich krank und fährt zu der Adresse. Geduldig wartet er in der Lobby, bis Nina mit dem Kind an der Hand zum Frühstück erscheint. Sie erschrickt, nimmt das Kind hoch und blickt Karl mit aufgerissenen Augen an.

Der geht mit weichen Schritten auf sie zu, seine Stimme ist warm und beschwichtigend. »Nina, du musst doch keine Angst vor mir haben. Wir hätten das doch in aller Ruhe besprechen können. Natürlich werde ich dir nicht verbieten, deine Mutter zu besuchen, und die Kleine wird sich auch freuen, ihre Babuschka wiederzusehen. Das musst du doch nicht heimlich machen.«

Nina dreht schützend das Kind von ihm weg.

»Hör zu. Wir setzen uns jetzt da hin und besprechen uns in aller Ruhe. Hab keine Angst. Ich will doch auch nur das Beste für alle.«

Er zeigt auf die Sitzgruppe in der Lobby. Nina sieht sich um. Der Portier steht an der Drehtür, ein Liftboy beim Aufzug. Hinter dem Empfangstresen telefoniert eine Mitarbeiterin. Hotelgäste betreten oder verlassen den Frühstücksraum. Zögernd lässt sie sich auf einem der Fauteuils nieder, das Kind auf ihrem Schoß fest in den Armen. Das Mädchen erblickt Karl.

»Papa!«

»Ja, dein Papa ist hier, mein Kleines. Du fährst morgen mit der Mama die Babuschka besuchen. Freust du dich?«

»Papa!«

»Ninotschka, lass mich ordentlich von ihr Abschied nehmen. Ich bin doch einverstanden, dass du fährst.«

Nina erhebt sich.

»Sag dem Papa auf Wiedersehen.«

»Lass sie mich noch einmal halten. Wer weiß, wann wir uns wiedersehen.«

Nina schaut ihm in die Augen. Da ist er wieder, der echte Viktor. Ihr Viktor. Der aufrichtige, gutmütige Mann. Der liebende Vater. Wer weiß, vielleicht finden wir ja auch wieder zueinander. Aber jetzt muss ich erst einmal weg von hier, daheim sein, alles überdenken, abwägen, schließlich eine Entscheidung treffen, wo und wie ich leben möchte. Und ob ich unser Kind behalten werde, mit dem ich schwanger bin.

Die Kleine streckt ihre Ärmchen Karl entgegen, und Nina lässt es zu.

»Sag Papa auf Wiedersehen.«

Er nimmt das Kind und rennt. Durch die Lobby, durch die Drehtür, die Landstraßer Hauptstraße entlang.

Nina bleibt das Herz stehen. Dann beginnt sie zu schreien.

Das Kind in Karls Armen beginnt laut zu weinen. Er läuft noch eine Zeitlang weiter, dann wird er langsamer. Er ist außer Atem. Die Kleine brüllt. Passanten sind stehen geblieben. Jemand muss die Polizei gerufen haben.

Polizeidirektion W6
Bez. Polizeikommissariat Landstraße
Wien, am 7.III.1956

An die Kinderübernahmsstelle der Stadt Wien, IX., Lustkandlgasse 50

ÜBERSTELLUNGSGRUND:
Streit der Eltern um das Kind
AUSFÜHRLICHER BERICHT:
Karl Arnautović erschien h. a. und zeigte an, dass seine Frau Nina A., die er 1953 geehelicht hat und mit der er seit Oktober 1955 in Wien ist, von ihm am 5.3.1956 ins Hotel Nagler weggezogen ist und morgen um halb 10 Uhr vormittags mit dem Zug nach Russland zurückfahren will, wobei sie das aus der Ehe entsprossene Kind mitzunehmen gedenkt. Wenn er auch die Abreise seiner Frau, die hier angeblich an Heimweh leidet, nicht hindern kann, ist er mit der Mitnahme des Kindes nicht einverstanden. Er stellte den Antrag es bis zur Entschei-

dung durch Vormundschaftsgericht, die er sich morgen im XIX. Bezirk einholen will, in Heimpflege zu übergeben. Hiermit hat sich auf Grund einer h. o. Anfrage die Staatsanwaltschaft (Dr. Rausch) einverstanden erklärt.
Nach gepflogenem Einvernehmen mit der Kinderübernahmsstelle wird daher das Kind dem Zentralkinderheim übergeben.
Es darf vorläufig der Mutter nicht ausgefolgt werden.
Kinderübernahmsstelle der Stadt Wien, IX., Lustkandlgasse 50
Betrifft: Arnautović Mädchen
Aktenvermerk vom 8.3.1956
Obgenannte Mj. wurde gestern vom Polizei Komm. 3 eingewiesen.
Angeblich soll ein Ausfolgeverbot im Zuge sein.
Überstellungsgrund: Gefährdung

Der Kindesvater zeigte beim Po. Kost 3 an, dass seine Frau, die er 1953 ehelichte, und die seit 5.3.1956 von ihm getrennt im Hotel Nagler mit dem Kind wohnt, am 8.3.1956 um 9 Uhr 30 vormittags mit diesem nach Russland zurückfahren will da sie sehr stark unter Heimweh leidet. Das Vormundschaftsgericht soll eine Entscheidung treffen, die sich der Kindesvater am heutigen Tage im 19. Bezirk einholen will. Das Pol.Koat 3 stellte eine Anfrage an die Staatsanwaltschaft (Dr. Rausch) der sich mit der vorläufigen Lösung einverstanden erklärte. Das Kind soll der Kindesmutter nicht ausgefolgt werden.

Wien, am 9.3.1956

AUSFÜHRLICHER BERICHT:
Der KV ist erst im Herbst vor. Jahres aus Russland heimgekommen, wohin er schon im Jahre 1934 als Kind gebracht worden war. Er hatte in Russland geheiratet und durfte seine Gattin und sein Kind mit nach Österreich bringen. Es gab aber sehr bald Ehestreitigkeiten, die vor allem darauf zurückzuführen waren, dass sich die KM in Österreich nicht wohl fühlte, der deutschen Sprache nicht mächtig, diese auch nicht lernen wollte und unter starkem Heimweh litt. Sie besorgte sich alle Papiere für die Rückreise nach Russland und wollte am 8.3. abreisen. Zu diesem Zwecke verliess sie mit dem Kind die eheliche Wohnung schon 2 Tage vorher. Dem KV gelang es, sie am 7.3. in einem Hotel im 3. Bez. ausfindig zu machen. Er nahm ihr das Kind weg und wollte dieses nachhause bringen. Die KM wollte dies verhindern, es kam zu einem Auflauf und die Polizei musste einschreiten. Da die Situation in rechtlicher Hinsicht anscheinend nicht sofort geklärt werden konnte, wurde das Kind im ZKH untergebracht und die KE angewiesen, die pflegschaftsbehördliche Entscheidung herbeizuführen.
Nach Rücksprache mit dem zuständigen Richter beim BG Döbling, ist eine solche Entscheidung gar nicht nötig, da der KV als gesetzlicher Vertreter vorerst ohneweiteres das Kind bei sich behalten kann. Dem KV wurde daher bereits heute der Ausfolgungsschein für das Kind übergeben.

25

Ein Mann schreibt eine Postkarte und wirft sie in einen dieser riesigen roten Briefkästen in der englischen Stadt Manchester. Adressiert ist die Karte an die Familie Benes in Buchlovice.

> Liebe Familie Benes, es schreibt euch Karl Kafka aus England. Hoffentlich geht es allen gut. Bitte schickt mir eine Anschrift von Eva, Slavko oder Karli, ich schreibe dann ausführlicher.

Wieder ist es Pickerl, Karlis Onkel, der diese Nachricht zu Beginn des Jahres 1958 zu seiner Schwester Eva nach Wien bringt und so den Kontakt zu einem weiteren Familienmitglied herstellt.

Eva ist aufgewühlt. Sie hatte mit dem Kapitel Karl Kafka längst abgeschlossen gehabt. Vor zwanzig Jahren war jeder Kontakt zu ihrem damaligen Lebensgefährten abgebrochen. Die Trennung von ihm war schmerzhaft, aber die Umstände erforderten es. Als Jude und Kommunist konnte er nicht mehr in seinem Prager Exil bleiben, als die Nazis dort einfielen. So vieles war seither geschehen und hatte die Menschen verändert. So hat Eva gleich nach Kriegsende geheiratet und war kurz darauf Witwe geworden. Ihr Schicksal hat sie zu einem gläubigen Menschen werden lassen. Aber sie möchte dem Sohn das Lebenszeichen seines Vaters nicht verheimlichen und übergibt ihm den Brief aus England.

Karli ist hocherfreut. Nach so vielen Jahren des Schweigens hat er es für wenig wahrscheinlich gehalten, dass sein Vater noch am Leben sein könnte. Seit Nina mit der Kleinen fort ist, ist von seiner Familie nur noch seine Mutter Eva in Wien. Onkel Pickerl sieht er selten, weil der in Brünn lebt, und Babinka Fanka ist noch weiter weg, im mährischen Buchlovice. Die alte Frau möchte nicht mehr reisen, und vorerst wagt Karli sich noch nicht über die östlichen Grenzen.

Sofort schreibt er nach England. Und erhält Antwort:

Manchester, 22. Februar 1958

Liebe Eva, lieber Karli (ich darf dich doch weiterhin so nennen?)

Ich bin sehr aufgeregt und weiß gar nicht, wie ich anfangen soll. Erst einmal sollt Ihr wissen, wie sehr ich mich freue, dass Ihr am Leben und gesund seid. Besonders freut es mich, dass ich ein Großvater geworden bin. Hoffentlich kommt bald auch von Slavko ein Lebenszeichen. Die Sowjetunion ist ja gerade im Begriff, sich wieder aufzubauen. Da kann es sein, dass einige Strukturen noch nicht richtig funktionieren. Wir wollen die Hoffnung nicht aufgeben.

Ich schreibe Euch in aller Kürze, wie mein Leben seit 1939 verlaufen ist. Als ich in London ankam, wurde ich zunächst mit anderen Flüchtlingen in einer Kaserne am Stadtrand untergebracht. Eine Arbeit durfte ich nicht aufnehmen. Wie Ihr Euch denken könnt, waren Leute wie ich nicht sehr willkommen dort, sie nannten uns »enemy aliens«, also Ausländer, denen man misstraut. Für die Briten hätten wir mögliche deutsche Kollaborateure sein können, irgendwie kann ich das sogar verstehen.

Im Jahr darauf hat man das britische Flottenschiff »Dunera« mit vielen Männern (Flüchtlinge, Deserteure, Kriegsgefangene) angefüllt und mit unbekanntem Ziel aufs Meer geschickt. Die Zustände an Bord waren unbeschreiblich schlecht. Aber schließlich war Krieg. Zuerst glaubten alle, es geht nach Kanada. Schließlich sind wir aber in Australien gelandet und kamen in ein Lager im Landesinneren. Bei der Registrierung habe ich angegeben, dass ich verheiratet bin und zwei männliche Kinder habe, weil es hieß, dass Familien nachfolgen können. Davon war dann nie mehr eine Rede.

1941 sollten wir schriftlich erklären, ob unser Name und Aufenthaltsort an diplomatische Behörden, oder auch ans Rote Kreuz gegeben werden darf. Ich entschloss mich aus Vorsicht dagegen. Es hätte sein können, dass der Faschismus siegt und ich auch hier, am anderen Ende der Welt verfolgt wäre. Vielleicht habt ihr mich gesucht? Dann war das der Grund, dass ich nicht zu finden war.

Anfang 1942 stellte man uns frei, ob wir nach England gebracht werden wollen, oder in Australien bleiben. Obwohl es uns hier inzwischen recht gut ging, wollte ich nach Europa zurück. Von den Jüngeren sind viele geblieben, die haben sich dort ein neues Leben aufgebaut. Aber ich war schon zu alt dafür, mein Heimweh und die Sehnsucht nach Euch war zu groß. So ließ ich mich im Frühjahr 1942 nach England bringen. Ich schloss mich Genossen an, die nach

Manchester fuhren, weil dort schon viele von uns lebten. Noch auf dem Schiff und auch später schrieb ich unter Pseudonym an Genossen in Prag mit der Bitte, die Nachricht an Euch weiterzuschicken. Auch nach Buchlovice hab ich geschrieben. Meine Post hat euch offenbar nie erreicht.

In Manchester habe ich dann begonnen in einer Textilfabrik zu arbeiten, wo ich bis heute angestellt bin. Ich befreundete mich mit einer Wiener Jüdin, sie heißt Judith. Uns hat die gleiche Herkunft verbunden, und unsere Einsamkeit. Im Oktober 1944 haben wir geheiratet. In zwei Jahren gehen wir in Pension. Es zieht uns immer noch stark zurück nach Wien, und so überlegen wir uns, in die Heimat zurückzukehren.

Obwohl wir uns so lange nicht gesehen haben, und vielleicht fremd geworden sind, freu ich mich auf ein Wiedersehen mit euch in meiner geliebten Heimatstadt. Da können wir dann ausführlich über alles sprechen.

Bitte schreibt bald!

Euer Karl Kafka

26

Zu dieser Zeit lebt Nina seit fast zwei Jahren mit ihrer Mutter Anastasia und ihren beiden kleinen Töchtern in dem alten Haus in der Kursker Unterstadt.

Immer wieder denkt sie mit Schrecken daran zurück, wie Karl ihr das Kind entrissen hat. Ein Polizist nahm ihm das weinende Mädchen mit Gewalt aus den Armen und übergab es der Frau vom Jugendamt. Die brachte es fort, in ein Kinderheim, wo es zwei lange Tage und Nächte bleiben musste. Nina wusste nicht einmal, an welchem Ort ihr Kind festgehalten wurde. Lebenslang verfolgt sie das schlechte Gewissen, ihrer Tochter sei ein Trauma zugefügt worden und sie habe mit ihrem Verhalten daran Schuld.

Sie denkt an die Zeit nach diesem Vorfall. An die geplante Rückfahrt nach Russland war nicht mehr zu denken gewesen, und so musste Nina zurück in die verhasste Wohnung, unter die vorwurfsvollen Blicke der Schwiegermutter und in die Kälte an der Seite ihres Ehemannes. Sie weinte fast ununterbrochen. Am dritten Tag durfte Karl das Kind wieder nach Hause holen.

Am Abend dieses Tages erkrankt Nina. Sie bekommt Schüttelfrost, dann Fieber. Als sie symptomfrei ist, schafft sie es trotzdem nicht aus dem Bett. Sie kann sich nicht zur kleinsten Tätigkeit aufraffen. Seit einer Woche hat sie nichts gegessen, und auch jetzt nimmt sie kaum etwas zu sich. Sie spricht nur noch mit ihrem Kind und will es kaum loslassen. Sie weint immer noch viel.

Karl informiert sich bei Gericht. Man versichert ihm, er habe das Recht, sein Kind – weil österreichische Staatsbürgerin – notfalls auf diplomatischem Weg zurückzuholen, sollte die russische Kindesmutter es ihm entziehen. Mit den sowjetischen Behörden habe man diesbezüglich keine schlechten Erfahrungen.

So entschließt er sich, die beiden nach Kursk fahren zu lassen. Vielleicht ist das besser so, denkt er, dann hab ich Luft genug, mich hier auf die Füße zu stellen, ohne mich um eine Familie, um die ständige Vermittlung zwischen Ehefrau und Mutter kümmern zu müssen. Danach wird man sehen. Er ist sich fast sicher, dass Nina wiederkommt. Sie liebt ihren Viktor. Sie möchte als Familie leben. Und nach einiger Zeit wird sie einsehen, dass es im Westen besser ist, für alle, besonders aber für das Kind.

Anfang April 1956, knapp einen Monat nach der großen Aufregung, besteigt Nina den Kurswagen nach Moskau. Sie hat ihr kleines Mädchen den ganzen Weg zum Bahnhof auf den Armen getragen, und sie will es nicht einmal beim mühsamen Hinaufklettern über die hohen Stufen des Waggons hergeben, um sich helfen zu lassen.

»Leb wohl, Viktor«, sagt sie aus dem Abteilfenster herunter.

»Kommt wieder«, antwortet Karl.

Nina wendet sich unter Tränen ab.

Sie hat nicht die Absicht, jemals nach Wien zurückzukehren. In Kursk meldet sie sich sofort zur Arbeit in ihrer alten Fabrik zurück. Niemand versteht ihren Schritt. Wie kann eine, die im Westen leben könnte, freiwillig hierher zurückwollen?

Ihre Schwangerschaft verheimlicht sie so lange, bis es nicht mehr zu übersehen ist. Mitte der fünfziger Jahre herrscht in der Sowjetunion immer noch Mangel an Arbeitskraft, und Frauen, die bereits ein Kind haben, wird eine Abtreibung nahegelegt.

Auch in den wenigen Briefen, die sie mit Karl wechselt, verschweigt sie es bis kurz vor der Geburt. Im September bringt sie ein gesundes Mädchen zur Welt, das kurz vor der Entlassung an einer Ohrenentzündung erkrankt und deshalb eine weitere Woche in der Klinik bleiben muss, während Nina nach Hause kommt und dreimal täglich ihr Neugeborenes stillen geht.

Dann kommt der feierliche Tag, an dem man »ein Schwesterchen kaufen« geht, wie man der Älteren scherzhaft weismacht. Babuschka Anastasia kocht daheim mit Hilfe einer Nachbarin ein Festmahl, während sich Nina, ihre Geschwister und deren Kinder auf den Weg machen. Vor der Klinik warten alle, bis Nina wieder herauskommt, »nachdem sie sich das beste von allen ausgesucht hat«. Die Erstgeborene ist später oft unzufrieden mit der Wahl – ob vielleicht ein Umtausch möglich sei?

Die junge Birke, die der Taufpate der kleinen Larissa vom Wäldchen in den Garten verpflanzt, trägt noch ihr unverwechselbares buntes Herbstlaub.

27

Wien, 20. Juni 1958

Liebe Nina!

Jetzt sind es schon zwei Jahre, seit Du mit unserem Töchterchen weggefahren bist. Schade, dass du deinen Entschluss damals so rasch gefasst hast. Bald hätten wir eine eigene Wohnung gehabt, dann hättest du nicht mehr mit meiner Mutter zusammenleben müssen und hättest unser zweites Kind hier zur Welt bringen können. Ich kenne die Kleine ja nicht einmal! Sogar ihren Namen hast du ganz allein ausgesucht, aber er gefällt mir gut. Ich schreibe jetzt, weil ich dir sagen will, dass ich Dich immer noch liebe und mir sehnlich wünsche, dass unsere Familie wieder vereint ist. Ich habe eine Dreizimmerwohnung von der Gemeinde Wien zugeteilt bekommen, und ich habe Arbeit, verdiene Geld. Abends besuche ich Kurse und bereite ich mich auf die Arbeitermittelschule vor.

Unsere Kinder brauchen doch ihren Vater. Lass uns wieder zusammenkommen. Schreib mir rasch, was Du davon hältst.

Ich umarme meine Mädchen. Vergiss nicht, wer wir einander sind, Gefährten und Liebende

Dein Viktor

Wien, 20. Juni 1958

Liebe Erika!

Jetzt bist du gerade erst wenige Stunden fort, und die Sehnsucht ist kaum auszuhalten. Ich habe jetzt Zeit zum Nachdenken über den Plan, den wir besprochen haben, und den Entschluss gefasst, nicht mehr länger zu zögern und die Zeit deiner Abwesenheit zu nützen. Ich möchte mit Dir leben. Das ist mir klar geworden, als du sagtest, Du würdest meinen Kindern eine gute Mutter sein wollen. Nicht jede Frau hat diese Größe. Es ist kein schöner Plan, das wissen wir beide. Aber das Ziel ist gut! Zusammen mit diesem Brief bringe ich den anderen zur Post. Lass uns stark sein. Wir schaffen das.

Ich hoffe, du erholst Dich gut und hast keine Schmerzen mehr. Ich liebe Dich. Nur Dich!

Dein Karl

Wien, 29. Juni 1958

Nina! Ninotschka!

Was schreibst Du denn da? Welche Frau? Du hast doch mich verlassen! Und weil ich Erika seit meiner Kindheit kenne, habe ich mich ihr angeschlossen, wie auch den anderen Freunden aus dem ehemaligen Kinderheim. Richtig, eine Zeitlang waren wir einander nahe. Ein Mann braucht eine Frau an seiner Seite, in dieser Hinsicht sind wir das schwache Geschlecht. Wir haben aber beide bald erkannt, dass es keine Liebe war. In Wahrheit ist sie immer noch in meinen Bruder verliebt – aber ob der jemals zurückkehrt? Ich fürchte, er hat diesen Wahnsinn nicht überlebt. Slavko war viel zu gut.

Ich sehe Erika nur noch, wenn sie mir beim Lernen hilft, wenn ich mich auf die Abendkurse vorbereite. Die einzige Frau, die ich jemals geliebt habe, und die ich mit jedem Tag mehr liebe, bist Du!

Ich lebe jetzt allein, koche sogar selbst. Zeit für Frauengeschichten habe ich nicht, und auch gar keine Lust. Wie sehr ich bereue, dass ich Dich damals habe gehen lassen! Als ich später erfahren habe, dass unser zweites Kind unterwegs ist, war ich überglücklich und stolz, und ich hoffe darauf, dass auch Du Deine Gefühle für mich wieder entdeckst und unsere Familie wieder ganz wird.

Ich habe Fehler gemacht. Das sehe ich ein. Nach unserer Ankunft in Wien war ich zu sehr mit mir selbst beschäftigt. Aber du musst es verstehen: Nach 22 Jahren kehre ich in die Heimat zurück, sehe meine Mutter wieder, alles ist fremd, ich muss die Sprache neu lernen, mich um Arbeit kümmern, um meine (unsere!) Zukunft aufzubauen. Ich habe zu wenig auf Dich geachtet, hab Dich mit meiner Mutter zu viel allein gelassen. Heute bereue ich das. Auch dass ich vor lauter Freude, meine alten Freunde wieder zu treffen, Dich vernachlässigt habe, tut mir leid. Aber der Mensch kann sich ändern, und glaube mir, ich habe mich geändert! Überzeug Dich selber davon. Wenn Du feststellst, dass es nicht stimmt, kannst Du mich ja endgültig verlassen.

Wie Du vielleicht noch weißt, ist demnächst mein Geburtstag. Ich habe nur einen einzigen Wunsch – endlich meine Frau und meine Kinder in den Armen zu halten!

Euer Viktor und Papa

Wien, 29. Juni 1958

Liebste Erika, meine einzig Geliebte!

Ich hoffe, ihr habt gutes Wetter in der Steiermark und Du kannst Kraft schöpfen und dich gut erholen.

Was ich mir zum Geburtstag wünsche? Am liebsten würde ich Dich in die Arme schließen, deinen wunderbaren Hals, deine kleinen Öhrchen küssen und küssen und küssen! Wie lange einem doch fünf Wochen Trennung vorkommen, wenn man verliebt ist. Geht es Dir auch so?

Nina hat geschrieben. Sie denkt nicht daran, nach Wien zu kommen. Jemand muss ihr von uns erzählt haben. Vielleicht werde ich sogar hinfahren müssen. Du kannst Dir nicht vorstellen, wie quälend es ist, mich zu verstellen und Worte zu schreiben, die ich nur Dir sagen möchte. Aber wir wissen, dass es nötig ist, um unserer Zukunft willen. Ich werde nur durchhalten, weil ich weiß, dass Du ganz zu mir stehst.

Den Kindern geht es gut, schreibt Nina, und dass sie an Laras Geburtstag die Mädchen fotografieren lassen wird. Das ist erst im Herbst! Wie ungeduldig ich werde, jetzt, wo der Entschluss gefasst ist. Ich spüre auf einmal die Zeit laufen. Die Mädchen sollten doch möglichst klein sein. Du sollst schließlich ihre richtige Mutter werden.

In Liebe

Dein Karl

Wien, 8. Juli 1958

Erika, meine Liebe!
Dein Geburtstagsgruß ist angekommen. Du verstehst es, mit Worten umzugehen, Dich auszudrücken, dass es einen zu Tränen rührt. Du bist sehr klug, mit scharfem Verstand. So eine Frau brauche ich an meiner Seite! Wir teilen ein schweres Schicksal, und so kannst nur Du mich wirklich verstehen. Wenn wir einander nur früher wieder begegnet wären. Jetzt müssen wir den schweren Weg nehmen. (Aber ist unser Weg jemals leicht gewesen?)

Nina macht Mätzchen. Entweder ahnt sie was, oder sie ist mit dem Leben dort wirklich zufrieden. Sie schreibt, dass es mit Lebensmitteln und Kleidung immer besser wird. Dass ihr Bruder Ljonja sich wie ein Vater um die Mädchen kümmert und ihre Mutter sie unterstützt. Dass die Kinder nahe der Natur leben, dass die Große den Schreck über die Großstadt, den Lärm und die Autos lange nicht verkraftet und angeblich Albträume gehabt hat. Das ist doch lächerlich. Sie macht aus meinen Kindern Landpomeranzen, die sich in der modernen Welt nicht zurechtfinden. Ein Grund mehr, jetzt rasch zu handeln.

Wir stehen am Anfang. Ich werde kämpfen. Für Dich. Für uns!

Dein Karl

Wien, 8. Juli 1958

Nina, meine liebe Frau, Mutter meiner Kinder! Heute ist mein Geburtstag, und mein sehnlichster Wunsch – Dich und die Kinder in die Arme zu schließen – hat sich nicht erfüllt. Weißt Du eigentlich, wie weh das tut, was Du über Ljonja und die Mädchen schreibst? Ich bin doch ihr Vater! Sollte es wirklich sein, dass Du mich von meinen Kindern trennen willst? Das wäre zu grausam. Ja, ich war ein Narr, dass ich es nicht zu schätzen wusste, Dich neben mir zu haben. Heute bin ich klüger. Oder auch dümmer. Ich verrate Dir jetzt ein Geheimnis. Du weißt, dass ich ein eingefleischter Atheist bin, die Gläubigen habe ich verschmäht als dumme, kriecherische Kreaturen. Und was habe ich gestern getan? Ich bin in eine Kirche, habe eine Kerze angezündet, und mit Tränen in den Augen habe ich irgendeine höhere Macht angefleht, mir die geliebte Frau und meine Kinder wiederzugeben. Siehst Du, so bin ich selbst eine dumme, kriecherische Kreatur geworden. Und wenn ich mich taufen lassen müsste, wenn ich alles aufgeben müsste, was mir wertvoll ist – ich würde es tun! Sag mir nur, was du von mir verlangst – ich werde es tun!

Hab Erbarmen mit Deinem Dich über alles liebenden

Viktor

Wien, 21. Juli 1958

Geliebte Nina!

Gelobt sei Dein gutes Herz. Diese Warmherzigkeit ist, was ich so an Dir schätze, seit ich dich zum ersten Mal gesehen habe, damals im Wald, als du mit dem Suppenkübel kamst. Da bist du mir wie ein Engel erschienen. Ich kann Dir mein Glück nicht beschreiben – so liebst Du mich also doch noch ein wenig? Ich kann jetzt wieder ein Mensch werden und Hoffnung schöpfen?

Dein Vorschlag, zu Euch zu kommen und in Russland zu leben, rührt mich, ich würde am liebsten sofort den nächsten Zug nehmen. Aber überlegen wir doch einmal in Ruhe. Es dauert mindestens noch zwei Jahre, bis ich die Mittelschule abschließen kann, und ohne Schulabschluss kann ich weder hier noch dort etwas Anständiges werden. In Kursk hätten wir zwar einander, aber sonst gar nichts zum Leben. Sollen wir etwa in dieser Holzhütte hausen, zusammen mit der Schwiegermutter, und viele Jahre auf die Zuteilung einer Wohnung warten, während man hier eine kleine Wohnung sofort gegen eine größere mit allem Komfort eintauschen kann? Leider ist es nun einmal so, dass das Leben im Westen vermutlich noch auf lange Sicht besser sein wird als in der Sowjetunion, die keine Verbündeten hat und sich ganz allein aufbauen muss. Für einen Kommunisten, der ich nach wie vor bin, ist das eine bittere Einsicht, aber in erster Linie bin ich ein Familienvater, der das Beste will für Frau und Kinder.

Denken wir doch in erster Linie an die Kinder. Wären die Aussichten für sie in Russland besser, ich würde keine Sekunde zögern und zu Euch fahren. Die russischen

Freunde hier wundern sich sehr, dass Du die günstige Tatsache, einen österreichischen Ehemann zu haben, nicht nützt, um Deinen Kindern (und Dir selbst) ein besseres Leben zu bereiten. Ich kann verstehen, dass Du an Deiner Heimat hängst. Aber ich verspreche Dir hoch und heilig (ja, ich war schon wieder in der Kirche), dass ich alles Menschenmögliche tun werde, um es Dir hier so heimelig wie möglich zu machen. Und du kannst natürlich deine Verwandten besuchen fahren, wann immer du willst. Denk noch einmal über alles gut nach.

Ich küsse die Kinder, sei herzlich umarmt und gedrückt.

Dein Viktor

P. S. Vielleicht erfüllt sich ja – wenn wir endlich wieder zusammen sind – auch mein Herzenswunsch nach einem Söhnchen …?

Wien, 21. Juli 1958

Meine beste Freundin, Geliebte, meine Erika!
Noch vier Tage, dann bist Du endlich bei mir. Wir können uns wieder umarmen, dann lass ich dich nie mehr weg.

Mit dem eigenen Kind sollten wir noch ein wenig warten. Ich verstehe Deine Sehnsucht und Deine Ungeduld. Aber eine Schwangerschaft würde – abgesehen von Deiner angeschlagenen Gesundheit – unseren Plan komplizieren. Das ist keine Ausflucht, glaube mir, wie sehr wünschte ich mir einen Sohn von Dir. Nur von Dir! Und wir werden ihn haben, davon bin ich überzeugt.

Du bietest an, dass wir die Briefe an Nina zusammen schreiben. Das ehrt Dich und rührt mich. Aber ich will nicht einmal, dass Du sie liest. Ich schäme mich, und ich möchte unsere Gefühle füreinander nicht anpatzen. Lass es mich tun. Frag nicht nach dem Wie.

Ich bin entschlossen, Dir schon sehr bald zwei entzückende Kinder, zwei hübsche kleine Mädchen zu schenken.

In großer Vorfreude

Dein Karl

28

Hohenau an der March ist die letzte Bahnstation vor der Grenze zwischen der Tschechoslowakei und Österreich. Der Nachmittag ist bewölkt, die schneebedeckte Landschaft wirkt öde und grau, obwohl die Dämmerung noch gar nicht eingesetzt hat. Der Eiserne Vorhang hat die Gegend zu einem toten Landstrich gemacht. Karl ist die Vorstellung, diese Grenze zu überschreiten, seit seiner Rückkehr vor vier Jahren noch immer nicht geheuer – auch wenn er an Nina geschrieben hatte, er würde sogar in die Sowjetunion zurückkommen, um bei seiner Familie zu sein. In wenigen Tagen steht der Jahreswechsel an, der zugleich ein neues Jahrzehnt bringt. Die fünfziger Jahre gehen zu Ende.

Am Vormittag war er am Wiener Ostbahnhof in den Zug nach Hohenau gestiegen. Sein Chef hatte ihm freigegeben. Schließlich handelt es sich um ein ungewöhnliches Ereignis, und da versteht jeder, dass der Mann mit den Gedanken überall sonst ist, nur nicht bei der Arbeit.

Es beginnt allmählich zu dämmern. Karl ist aufgeregt. Der Zug mit dem Kurswagen aus Moskau soll hier halten. Hoffentlich ist alles gutgegangen. So vieles könnte dazwischengekommen sein. Etwas mit den Papieren. Oder Nina hat es sich in letzter Minute doch noch anders überlegt. Seit mehreren Tagen hat er keinen Kontakt zu ihr gehabt. Ein letztes Telegramm hat ihn aus dem Hotel Metropol in Moskau erreicht, wo Nina und die beiden Mädchen zwei Nächte verbrachten, bevor sie den Zug nach Wien besteigen würden: »Ankommen 19. Dezember«.

Voller Anspannung sitzt Karl im überhitzten Wartesaal, springt auf, läuft nervös den Bahnsteig entlang, kehrt erst in das Bahnhofsgebäude zurück, als er vor Kälte zu zittern beginnt. Die Behörden könnten in letzter Minute seine Frau und die beiden Mädchen aus dem Zug geholt, eine grausame Bürokratie die Familienzusammenführung in letzter Minute doch noch vereitelt haben?

Der Zug kommt pünktlich. Karl erkennt von weitem den sowjetischen Waggon. Er drängt den Zugbegleiter beiseite, der die Tür geöffnet hat, während der Zug noch langsam rollt, und rennt suchend durch den Wagen. Mit Tränen in den Augen küsst er Nina und drückt die verschreckten Kinder etwas zu fest. Die Jüngere ist drei Jahre alt, er sieht sie zum ersten Mal. Beide Kinder fremdeln. Nina lächelt und tröstet die weinenden Mädchen. Lange war das Paar getrennt, und Nina konnte sich ihrer Gefühle füreinander nicht sicher sein. Jetzt ist sie erleichtert. Alles ist gut. Sie hat die richtige Entscheidung getroffen. Sie hat dem Druck nachgegeben, dem sie von mehreren Seiten ausgesetzt war. Da waren diese Briefe aus Wien. Und da war ihre Mutter Anastasia, die fand, eine Frau gehört zu ihrem Mann, auch wenn das in diesem Fall die Trennung von ihrer Tochter bedeutete. Und die Arbeitskolleginnen, die nicht verstehen konnten, warum Nina nicht bei ihrem Viktor, noch dazu im Westen, geblieben ist. Männer sind rar in der Sowjetunion. Zu viele hat der Krieg gefressen, so viele sitzen noch in den Lagern oder in der Verbannung fest, und viele der Zurückgekehrten sind körperlich und seelisch zerstört. Ninas Mann schreibt Briefe voller Sehnsucht, er schickt Kleidchen und Spielsachen, die es weder in Kursk noch in der Hauptstadt gibt. Er lebt im kapitalistischen Ausland, und er ruft seine Familie zu sich. Wie dumm kann eine Frau sein, die diesem Ruf nicht folgt? Wie verantwortungslos ihren Kindern gegenüber?

Schmal ist er geworden, denkt Nina. Dabei war er im GULag einer der Dicksten, erinnert sie sich. Aber er sieht attraktiv aus, männlicher. Um seinen Mund haben sich tiefe Falten eingegraben. Ach ja, die Magenkrankheit. Diese neuartige Operation, bei der ihm zwei Drittel des Magens entfernt worden sind, er hatte davon geschrieben. Ganz unbeschadet hat niemand die Lager überstanden. Bei ihr selbst würden sich die körperlichen Folgen erst später zeigen.

Den letzten Streckenabschnitt bis Wien verbringt die wiedervereinigte Familie gemeinsam in dem Zugabteil. Sie sind einander nah, wie später nie wieder. Die Kinder schauen diesen unbekannten Mann lange Zeit unverhohlen misstrauisch an. Die Jüngere lässt sich als Erste verführen. Eine Süßigkeit hilft, und bald schmiegt sie ihr schokoladeverschmiertes Mäulchen an den weißen Hemdkragen des Fremden. Die Ältere braucht etwas länger, bis sie sich zu einem ersten Lächeln bewegen lässt. Nina ist glücklich. Ihre Entscheidung, nach Österreich zu kommen, ist ganz sicher die richtige gewesen.

Was sie nicht wissen kann: Karl ist vorübergehend aus der Wohnung seiner Lebensgefährtin Erika aus- und in die Gemeindewohnung zurückgezogen. Einen der Räume bewohnt immer noch seine Mutter. Karl beschwichtigt Nina. Es sei jetzt nur noch eine Frage von wenigen Wochen, bis die Schwiegermutter eine Einzimmerwohnung im selben Bezirk beziehen könne, die Anlage sei noch in Bau und werde im Frühsommer fertig sein. Sie wird sich vorübergehend um die Mädchen kümmern müssen, wenn alles nach Karls Plan läuft. Aber weder Eva noch Nina kennen seinen Plan.

29

Wenige Wochen ist es her, seit man die Kinder in ein fremdes Land gebracht hat. Gleich wird die neue Großmutter hereinkommen, die Vorhänge zur Seite ziehen und laut »Auf, auf, ihr Hasen, hört ihr nicht die Jäger blasen« singen, die Kinder werden die Worte und die Bedeutung noch nicht verstehen können. Die Stimme ist unangenehm laut und schrill. Diese Frau lacht seltener als ihre andere Großmutter. Die Sechsjährige bleibt noch liegen, lauscht nach den neuen Geräuschen aus der Küche, dem Zuschnappen des Kühlschranks, dem Sirren des Stabs, der Feuer unter den Topf zaubert. Bis die Milch kocht, schließt sie die Augen und denkt sich in ihre alte Welt.

Zu dieser Welt gehört ein Fluss. Einmal im Jahr führt er einen wilden Frühlingstanz auf, wogt über die Ufer, weicht Wiesen auf und das Wäldchen, überspült Wege und Gärten. Die Bewohner begrüßen die Flut, die ihnen Glück und reiche Ernte bringen wird. Alle kleiden sich in Rot, junge Mädchen flechten sich bunte Bänder ins Haar, und man feiert ein Fest. Mit Booten rudert man von Haus zu Haus. Es gibt nicht viel zu tun, alles verlangsamt sich für ein paar Tage. Das versickernde Wasser hinterlässt Schlamm und aufregendes Material zum Spielen.

Im Sommer ist er ein sanfter Fluss. Weiden tauchen ihre Astspitzen in die träge Strömung, sie bauen aus Zweigen und Blattwerk schattige Räume ans Ufer. An einem solchen Ort liegt der

Friedhof. Die Kinder wetteifern miteinander auf der Suche nach toten Käfern, Mäusen, Maulwürfen oder Vögeln. Aus Rinde bauen sie winzige Särge und heben passende Gruben aus. Zuletzt binden sie aus Zweigen und Halmen ein Kreuz, stecken es in die kleinen Erdhügel und streuen Blüten darüber.

Wenn ein Verstorbener im offenen Sarg zum Friedhof getragen wird, laufen die Kinder davon.

Etwas flussabwärts, an einer baumlosen Biegung, liegt ein breit ausgeschwemmter Platz mit dunkelblondem Sand, den die Sonne einen ganzen Tag gewärmt hat. Manchmal treibt eine Frau ihre Gänse zum Baden hierher, dann suchen die Kinder lieber das Weite. Den traurig machenden Geruch, der abends aus dem Wasser steigt und aus der Erde wächst, wird das Mädchen noch Jahrzehnte später wiedererkennen.

Die Milch ist aufgekocht. Die Frau, die jetzt ihre Großmutter ist, ruft zu Tisch. Aber vorher Hände waschen!

In der neuen Welt sind die Häuser hoch, die Kanten scharf, die Flächen glatt und glänzend. Aus einer glatten glänzenden Wand ragt ein glattes glänzendes Rohr. Panisch dreht das Mädchen an den Hähnen, die das Wasser hervorgebracht haben. Ein Erschrecken jagt durch den Körper, bis in die Fingerspitzen: Es würde weiter- und weiterfließen, würde den Raum und dann das Haus, die Gasse und schließlich die Stadt und ihre Menschen ertränken, wie im Märchen vom wild gewordenen Hirsebrei. Sie allein würde die Schuld tragen, wenn alle sterben müssten. Schreiend läuft sie davon. Die Großmutter belächelt und beschämt ihre Enkelin. Sie packt sie am Handgelenk und bringt sie gegen ihren strampelnden Widerstand zur Quelle zurück. Mit einem Handgriff macht sie dem Schrecken ein Ende.

Auch das Tosen des herabstürzenden Wassers am Klosett ängstigt das kleine Mädchen. Es hält sein Bedürfnis lange zurück, und dann läuft es rasch davon, ohne an der Kette zu ziehen. Wenn die Großmutter es entdeckt, wird ihr Sohn abends wieder zu hören kriegen, was für ein unzivilisiertes Russenkind er ihr ins Haus gebracht habe und dass es höchste Zeit sei für eine anständige Erziehung. Schließlich werde das Kind im Herbst eingeschult, und man stelle sich nur vor!

Außerdem bestimmt sie: Ab sofort kein russisches Wort mehr!

Das Kind sehnt sich nach seiner russischen Großmutter, Baba Anastasia. Wie sich die kleine Frau jeden Vormittag einen geschwungenen Holzbalken über die Schultern legt. Der Balken ist sehr alt, durch die Abnützung an manchen Stellen glatt und glänzend. Das Kind liebt es, mit den Fingern über diese Stellen zu streichen. An jedem Ende baumelt ein verbeulter Kübel an Haken. Anastasia geht Wasser holen. Eine halbe Stunde braucht sie dafür, manchmal länger, wenn sich ein Gespräch mit den Nachbarinnen ergibt. Wenn sie zurückkommt, spritzt es über den Kübelrand, ihr Schritt ist schwer und tänzelnd zugleich im Bemühen, die Wucht der schwappenden Last auszugleichen.

Wenn das Kind von Mutter und Großmutter gebadet wird, einmal in der Woche, wird gut eingeheizt und eine Zinkwanne auf den Küchenboden gestellt. Erst kommen Wäschestücke hinein, darüber kochendes, dann kaltes Wasser, schließlich das nackte Mädchen. Vor Wohlgefühl pinkelt es sofort ins Wasser. Die Frauen lächeln einander an. Das Kind sitzt weich, Stoff wabert um seine Beine. Wenn die Mutter es dann in ein vorgewärmtes Tuch hüllt, schrubbt Anastasia die eingeweichte Wäsche über ein Waschbrett. Ihr Gesicht glänzt vor Wärme und Anstrengung. Wenn sie fertig ist, schüttet sie das restliche Wasser über die Holzdielen, und während ihre Tochter Buchweizenbrei mit Honig zubereitet, bürstet Anastasia auf Knien den Boden sauber.

Das Kind war noch kein Jahr alt, da machte sich Anastasia eines Morgens auf einen wichtigen Weg. Ihr Schwiegersohn ist für mehrere Tage in Moskau, in Ausreiseangelegenheiten. Ihre Tochter Nina arbeitet in der Fabrik und kommt erst mittags für eine Stunde nach Hause, um ihr Kind zu stillen. Die alte Frau erfüllt ihre Aufgabe, die sie sich von ihrem Gott auferlegt glaubt. Sie setzt das dick eingemummte Kind auf einen Schlitten, bindet es mit Ledergürteln gut fest und zieht ihre süße Last hinauf in den modernen Teil der Stadt, wo der Pope in einem der Plattenbauten wohnt. Sein Kloster musste er nach der Revolution verlassen. Anastasia steigt mit ihrem Bündel vier Stockwerke hoch. Niemals würde sie einen Lift betreten.

Der Pope ist ein sehr alter Mann mit schütterem grauen Bart. Er legt sich einen prächtig goldbestickten Schal über den verfilzten Pullover und führt die Zeremonie im Waschbecken neben einem Berg schmutzigen Geschirrs durch. Zum Andenken schenkt er dem Täufling ein kleines Heiligenbildchen, gedruckt auf billige Pappe. Daheim legt Anastasia es auf das kleine Eckbord in der Küche. Diesen Herrgottswinkel, wo das rote Ewige Licht flackert, hat sich ein neuer Herr angeeignet: Stalins Porträt verdeckt die Ikone. Bald schon würden die Bildnisse wieder Platz tauschen.

30

Brüder zur Sonne, zur Freiheit.

Da sitzen sie nun, die Kinder gleich zweier verratener Revolutionen. Sie haben ihre Decken auf die Wiese gebreitet, essen kaltes Huhn, Rote-Rüben-Salat, Salzgurken und Wassermelone, sie trinken Tee aus Thermoskannen, machen ein kurzes Schläfchen, dann spielen sie mit den Kindern Federball und mit den Erwachsenen Karten oder Schach. Besonders beliebt sind mathematische Rätsel.

Ihre Jugend ist vorbei, die haben sie in den Lagern gelassen. Sie sind in ihren Dreißigern und schämen sich ihres Akzents und ihrer fehlerhaften Grammatik, sprechen ungern mit den Einheimischen, sie müssen sich erst wieder einrichten in ihrer Muttersprache. Sie tragen bereits Verantwortung, für Kinder und für mitgebrachte Ehefrauen, die hier noch viel fremder sind als sie selbst. Kaum jemand hat einen Beruf, aber alle haben Ehrgeiz. Es gilt Bildung nachzuholen und Anschluss zu finden an ihre Generation. Ihre Freizeit verbringen sie am liebsten in Gesellschaft ihresgleichen. Sie sprechen Russisch, weil das immer noch die Sprache ist, in der sie denken und träumen. Diese Frauen und Männer kennen die gleichen Lieder, und sie erzählen Anekdoten, über die nur sie lachen können. In dieser Runde brauchen sie sich nicht zu verstellen, auch nicht die Opferrolle herauskehren – wie vor den Behörden, um an eine

Wohnung zu kommen oder an einen Invalidenausweis. Einige haben ihre Gesundheit eingebüßt in den Lagern, wo es einzig darum ging, zu überleben. Jeden einzelnen langen Tag. Jedes einzelne lange Jahr.

Nina hat Karls Drängen nachgegeben und ist im vergangenen Winter mit den beiden Töchtern nach Wien gereist. Inzwischen ist es Sommer, und da geht es jeden Sonntag »na jesuitku«, auf die Jesuitenwiese im Wiener Grünen Prater. Dort versammeln sich die Jugendfreunde, die von ihren Eltern einst, 1934, nach dem blutigen Bürgerkriegs-Februar, ins vermeintlich rettende Exil geschickt worden waren in der Hoffnung, sie mögen dem dräuenden Faschismus entkommen und stattdessen an einer glückverheißenden Zukunft teilhaben. In einem friedlichen Land, das im Aufbau einer gerechten Gesellschaft begriffen ist, nachdem das Rote Wien in Scherben gefallen war. Ihre Söhne und Töchter haben sich diesen Traum zu eigen gemacht – und wollen ihn zu gerne weiterträumen.

Die Gespräche werden erregter, die Stimmen lauter. Wie ist zu erklären, dass ausgerechnet jenes Land ihrer Zuflucht absurde Beschuldigungen, nächtelange Verhöre, Folter, Lagerhaft, Kälte, Hunger, Krankheit und Tod für sie bereithielt? Ob sie die vielzitierten Späne waren, die fallen müssen, wo gehobelt wird? Ob alles nur ein einziger großer Irrtum gewesen ist, und wenn ja, wer hat sich denn geirrt? In einem stimmen sie überein: Das Prinzip, die Sache des Kommunismus war und bleibt richtig. Etwas mag vielleicht falsch gelaufen sein, Fehler mögen passiert sein, Missverständnisse, aber darum wird man doch nicht abweichen von dieser großen, einmaligen Idee.

Aber haben wir nicht das Glück versprochen bekommen?

Und müsste man uns nicht wenigstens jetzt, hier willkommen heißen? Unsere Eltern haben die Katastrophe kommen sehen, vor ihr gewarnt, sie bekämpft, ihre Kinder in Sicherheit gebracht. Die Sowjets haben Österreich vom Faschismus befreit, und jetzt gedeiht rundherum der Hass auf alles Russische.

Die russischen Ehefrauen strengen sich an. Niemals werden sie richtige Einheimische sein, das lassen sie selbst die Österreicherinnen in diesem Kreis spüren, und das schmerzt am meisten. Dass die Sprache der Schlüssel zu diesem neuen Leben ist, weiß Nina genau. Gelegenheit zum Erlernen hat sie kaum. Bei der Arbeit in der Näherei wird nicht gesprochen. Mit Mann und Kindern spricht sie Russisch. Der Schwiegermutter geht sie aus dem Weg.

Wenn die Sonne dann tiefer steht, holt einer die Mundharmonika, ein anderer eine Flasche hervor. Der Wodka macht die Zungen schwer. Eine Frau stimmt leise summend ein Lied an, eine zweite setzt ein und eine dritte, die Männer machen den Bass dazu, die Mundharmonika trägt ihre Stimmen. Man findet in eine Harmonie, und dann ist es Abend geworden. Die Kinder werden aufgeweckt, die Decken mit dem Geschirr zu Bündeln gefasst und über die Schulter geworfen. In ihren Beiwagenmaschinen, stolz vom ersten Ersparten gekauft, fahren die Väter ihre Familien heim. Karl hebt seine Kinder nacheinander in Ninas Arme, die schon in den schmalen Beiwagen geklettert ist. Beim Wegfahren wirft er Erika einen Gruß zu, dann wendet das Motorrad scharf und fährt in die Nacht. Die kleinen Mädchen, im Halbschlaf von den Eltern in die Wohnung getragen, werden sich später an diesen Geruch des Stiegenhauses erinnern, der in allen Wiener Gemeindebauten hängt, und sonst nirgendwo auf der Welt.

Erika geht allein nach Hause. Karl und sie sind seit drei Jahren ein heimliches Paar. Er hat ihr versprochen: Es wird nicht mehr lange dauern.

Erika und ihr Bruder Rudi waren bald nach Kriegsende aus dem sowjetischen Exil nach Österreich zurückgekehrt, nachdem sie einander mehrere Jahre aus den Augen verloren hatten. Ihre eigene Familie war ihnen inzwischen fremd. Die schwermütig gewordene Mutter lebt mit ihrem zweiten Mann und der jüngsten Tochter in einer winzigen Wohnung in Wien, nachdem ihr Haus in Schwechat von einer Bombe getroffen worden war. Vieles hat die stark gealterte Frau erduldet, aber die Trauer um ihren jüngsten Sohn sollte sie nie mehr verlassen. Am 6. April 1944 bringt der Briefträger den Einberufungsbefehl zur Wehrmacht für Herbert. Der knapp Fünfzehnjährige erhängt sich noch am selben Abend im Schwechater Schlosspark, nicht weit von jener Stelle, an der zehn Jahre zuvor sein Vater den Tod gefunden hatte.

Erika beginnt gleich 1946 für die Korneuburger Werft als Dolmetscherin zu arbeiten, und sie wartet auf ein Lebenszeichen von Slavko, ihrer Jugendliebe. Sie sucht die Nähe zu dessen Mutter. Als Eva und Erika einander zum ersten Mal begegnet waren, war die eine 35 und die andere elf Jahre alt gewesen. Jetzt freunden sich die beiden Frauen an, es verbindet sie die gleiche Sehnsucht. Als 1953 von Evas Jüngerem ein erster Brief kommt, schöpfen sie neue Hoffnung, dass auch der Ältere am Leben sein könnte.

Als Karl mit Frau und Kind 1956 nach Wien kommt, ist Erika die Erste unter den wiedergefundenen Freunden aus dem Kinderheim Nr. 6. Sie führt ihn mit denen zusammen, die schon wieder da sind. Nach und nach kehren weitere ehemalige Zöglinge aus Russland, Kasachstan, Jugoslawien heim. Slavko ist nicht dabei.

Erika und Karl finden rasch zueinander. Als Karls Frau Nina nach wenigen Monaten mit dem Kleinkind wieder nach Russland zurückfährt, wird aus der Freundschaft eine Liebesbeziehung. Der, den Erika geliebt hat, ist verschollen. Wenn sie mit Karl spricht, sucht sie in seinem Gesicht nach Ähnlichkeiten mit seinem älteren Bruder, und sie vermeint immer wieder Spuren davon zu entdecken. Sie hat nicht die Absicht, eine Ehe zu zerstören, einem Kind den Vater zu nehmen. Aber wer kann schon vorhersehen, wie sich alles entwickeln würde? Erika weiß, wie unergründlich und launenhaft ein Schicksal sein kann; auf so etwas wie Zukunft ist kein Verlass. Also warum sich nicht von der Gegenwart das Beste holen, das sie kriegen kann? Erika erlaubt sich eine Verliebtheit. Sie spürt genau, dass dieser hier nicht mehr der Karli aus dem Kinderheim ist. Die Lager haben einen anderen aus ihm gemacht. Sein Humor ist jetzt Zynismus. Seine Spontaneität steht unter Kontrolle. Sein Händedruck ist hart, sein Blick oft kalt. Aber wer könnte das alles besser verstehen als sie?

Bis zu jenem verhängnisvollen Februar 1934 lebt das Arbeiterkind Erika als Erstgeborene einer vierköpfigen Geschwisterreihe im Wiener Vorort Schwechat. Beide Eltern arbeiten in der großen Brauerei. Sie engagieren sich politisch, sind Mitglieder bei der Sozialistischen Partei und beim Demokratischen Schutzbund.

Nach amtlichen Angaben werden im Verlauf der vier Tage dauernden Kämpfe, die am Rosenmontag ausbrechen, mehr als dreihundert Menschen verwundet und fast 120 getötet, unter ihnen Erikas Vater, der Schutzbündler Rudolf Spirik. Gleich am ersten Tag des Aufstands wird er bei einer Barrikade vor der Schwechater Brauerei von einem Gendarmen aus einem fahrenden Polizeifahrzeug heraus erschossen. Seine Leiche bleibt stundenlang auf dem Gehsteig liegen. Daheim warten beim Abendbrottisch die neunjährige Erika und ihre Familie vergeblich auf den Vater.

Auf den unbegreiflichen Verlust folgt die Trennung von der Mutter, die der Mitwisserschaft beschuldigt und in Haft genommen wird. Die Kinder – das jüngste ist vier Jahre alt – bleiben allein in der Wohnung zurück. Jugendliche von den »Roten Falken« – auch dieser Verband ist jetzt verboten – kümmern sich ein paar Tage lang um sie, bringen Lebensmittel und nehmen Kleider zum Waschen mit. Einmal werden sie von zwei Frauen begleitet. Die eine nimmt die beiden verstörten Kleinen mit zu sich. Sie wird sie in Pflege nehmen, bis die Mutter wieder entlassen wird. Die hat aus ihrer Zelle heraus die Genossen wissen lassen, dass sie mit der Verbringung ihrer beiden Älteren, Erika und Rudi, zu Pflegeeltern in die Tschechoslowakei einverstanden ist. Die beiden Großen werden daher von der anderen Genossin, Eva, in deren Wohnung in der Wiener Quellenstraße gebracht. Dort warten bereits andere Kinder – angereist aus Oberösterreich und der Steiermark. Sie werden sich einige Tage ganz ruhig verhalten müssen. Mit der Schule ist es erst einmal vorbei.

Dann wird der Ausflug unternommen. Eine kleine Gruppe Kinder, zwei Begleiterinnen, festes Schuhwerk und Rucksäcke. Mit dem Autobus geht es nach Norden. Als die Dämmerung einsetzt, beginnt die Wanderung. Es geht über Feldwege, auf denen noch Schnee liegt, durch einen Wald, und dann immer noch weiter bis zu einem Gasthof. Müde fallen die Kinder in die Betten. In der Früh sind die Begleiterinnen fort, fremde Menschen reden in einer fremden Sprache und bringen die Kinder zu anderen fremden Menschen. Die Geschwister verlieren einander für mehrere Monate aus den Augen. Sie kommen bei verschiedenen Pflegeeltern unter.

Im Sommer organisieren tschechische Genossinnen ein Ferienlager. Etwa fünfzig Schutzbundkinder verbringen unbeschwerte Tage in Zelten an einem Fluss in Böhmen. Die meisten bekommen Besuch von den Eltern, die gerade nicht in Haft sind. Erikas Mutter ist nicht gekommen, das schmerzt das Mädchen tief. Aber Rudi ist endlich wieder da.

Bald darauf geht es von Prag aus mit einem geschmückten Sonderzug nach Moskau. Erika, Rudi, Slavko, Karli, Josef, Pauli, Lucia, Ferdinand, Karli und Pepi freunden sich an. Oft werden sie einander Jahrzehnte später, beim Picknick auf der Jesuitenwiese im Prater, von ihren Erinnerungen an diese Fahrt erzählen. Wie sie auf jedem Bahnhof von fahnenschwenkenden, singenden Kindern begrüßt wurden; wie die Musikkapellen aufspielten; wie man ihnen Blumen durchs Fenster reichte, und Süßigkeiten; welch herzliche Willkommensworte man an die »Kinder der internationalen Helden im Kampf für den Kommunismus« richtete; wie besonders und stolz sie sich gefühlt haben.

Das Kinderheim Nr. 6 in Moskau, ein enteignetes Palais eines Adeligen im Stadtzentrum, ist eigens für die »Schutzbundkinder« bereitgestellt und eingerichtet worden. Es wird für Rudi und Erika und die anderen der Ort eines »Zwischenglücks«, wie die erwachsene Erika die Jahre zwischen 1934 und 1939 betiteln wird.

Hier leben die Geschwister, die aus einfachsten Verhältnissen stammen, wie sie es sich daheim nicht hätten träumen lassen. Gut und reichlich zu essen, saubere Betten und Kleidung, ärztliche Betreuung, Friseur, ein erster Zahnarztbesuch, engagierte Lehrer, Theater, Zirkus und Kino, lange Sommermonate am Meer. Erika nimmt Ballett- und Klavierunterricht, Rudi lernt Zeichnen und Fotografieren. Sie besuchen eine Eliteschule mit hochmotiviertem Lehrpersonal, und sie müssen nicht einmal zu Fuß dorthin gehen, ein eigener Bus steht zu ihrer Verfügung. Endlich – so scheint es – geht das Leben versöhnlich um mit den Kindern, entschädigt sie für ihren Verlust. Völlig abgeschnitten vom sowjetischen Alltag, halten sie Werte wie Solidarität oder internationale Freundschaft zwischen den Völkern hoch, erleben sie das doch gerade am eigenen Leib. Von den längst durch ihr Gastland rollenden Repressionswellen bekommen sie kaum etwas mit. Da fehlt zwar mitten im Schuljahr einmal ein Lehrer; eines Tages wird eine Betreuerin von grauen Herren aus dem Speisesaal geholt und mit einer schwarzen Limousine fortgebracht; sogar ältere Schüler werden aus der Klasse geholt und tauchen nicht wieder auf. Aber es wird nicht darüber gesprochen und ist bald vergessen.

Erikas »Zwischenglück« wird manchmal getrübt, etwa als sie 1936 die Nachricht von der Wiederverheiratung der Mutter erreicht, wo doch Erikas Trauer um den geliebten Vater so groß und so ewig ist. Da ist die Scham über das nicht zu kurierende Bettnässen. Und dann ist da noch eine kleine Verletzung, die ihren Mädchentraum von einer Karriere als Primaballerina zunichtemacht. Aber bald ist sie schon mit anderen Träumen beschäftigt. Ihre erste Verliebtheit gilt diesem rotblonden Burschen aus Wien, dem um drei Jahre älteren Slavko, dem mit den literarischen und theatralischen Ambitionen, der gern den

Soldaten Schwejk gibt (und daher seinen Spitznamen hat), der andere gern zum Lachen bringt und dessen Grinsen einfach umwerfend sympathisch ist. Und dieser von etlichen Mädchen Angehimmelte scheint sich ausgerechnet für sie, Erika, die sich für unscheinbar hält, zu interessieren.

Unter den etwa 120 Schutzbundkindern, die im Kinderheim Nr. 6 gelebt haben, finden sich etliche zu Liebespaaren und sogar Ehen zusammen.

1939, bei der Rückkehr aus dem Sommerlager, ist das Heim leergeräumt, und Erika ist plötzlich eines der aus dem Paradies vertriebenen Kinder: die Schule noch nicht abgeschlossen, ohne Geld, Wohnung, Arbeits- oder Ausbildungsperspektive.

Im Moskauer Kinderheim »Spartak«, wohin die Vierzehnjährige übersiedeln muss, herrscht kalte, militärische Disziplin. Manche versuchen nach Österreich auszureisen, das jetzt Deutschland ist. Einigen gelingt das. Erikas Versuche scheitern. Sie verdächtigt ihre Mutter, sich nicht genug für die Rückkehr ihrer beiden Älteren einzusetzen. Die will womöglich ein neues Leben, eine neue Familie, mit einem neuen Mann und den beiden kleinen Geschwistern?

Im Juni 1942 bricht Hitler den Nichtangriffspakt – der ohnehin alle verstört hatte. Der Krieg beginnt. Das »Spartak« wird nach Mittelasien, in die Nähe der Stadt Ufa, evakuiert und in primitive Holzbaracken einquartiert. Der Winter mit Temperaturen bis zu minus vierzig Grad kommt früh. Es fehlt oft an Brennstoff für den elenden Ofen, und wenn einmal etwas da ist, frisst er sofort alles auf und strahlt gleich wieder Kälte aus. Auch mit der Schule ist es vorerst vorbei. Genau wie mit dem Traum vom Studium der Geschichte oder der Literatur; sie und Slavko hatten sich darüber verständigt, dass sie ähnliche Interessen haben und daher eine ähnliche Ausbildung machen wollen. Und dann kommt auch noch die Malaria und nimmt der mittlerweile Siebzehnjährigen den Rest an Kraft, die Hunger und Kälte noch übriggelassen hatten.

Erika wird überleben, aber später wird sich herausstellen, dass sie keine Kinder bekommen kann. Ihre Haut und ihre Lungen werden chronisch krank bleiben. Wie auch den anderen Politemigranten wird es ihr das Heimatland bei der Rückkehr nicht leichtmachen. Eine Staatsbürgerschaft hat sie nicht, die österreichischen Behörden beharren eine Zeitlang auf dem Standpunkt, sie hätte eine solche nie besessen, weil sie als Kind das Land illegal verlassen habe. Sie kehrt als Staatenlose zurück, weil die Sowjetische Militärkommandantur sie als Übersetzerin in Wien braucht. Auf die Erteilung der österreichischen Staatsbürgerschaft wird sie bis Anfang der fünfziger Jahre warten müssen. Sie wird – nach der nachgeholten Matura an der Arbeitermittelschule – bei einer Versicherungsgesellschaft angestellt sein und dort berufliche Anerkennung finden. Mit ihrer Mutter wird es nie wieder ganz gut werden, zu viel Bitterkeit hat sich in beiden angesammelt. Zwar wird Erika die alte Frau bis zum Tod pflegen, aber es wird eine Kälte sein in ihren Handreichungen.

Sie wird ihren heimkehrenden Bruder Rudi wiedertreffen, sich aber nicht mit der mitgebrachten russischen Schwägerin anfreunden können.

Sie wird eine sehr kurze Ehe führen, mit Karl, und rasch erkennen, dass sie einer Illusion aufgesessen ist. Einer kann kein Ersatz sein für einen anderen, auch nicht dessen Bruder. Anders als erwartet, stellt sich die gemeinsame Herkunft, das gemeinsam Erlebte immer mehr als etwas dar, dessen man sich schämt. Der Jugendfreund mit den tiefen Magenfalten im Gesicht und der grässlichen Tätowierung eines Kriminellen auf der Brust – beides unauslöschlich in Haut und Seele graviert – erinnert ständig an etwas, das sie lieber vergessen möchte.

Nach der Scheidung wird sie sich noch zwei Jahre lang um die Töchter des Exmannes kümmern. Der wird derweil in Deutschland eine neue, seine dritte Familie gründen und dann Erika die Kinder wieder nehmen. Sie wird fortan alleinstehend bleiben. Nach ihrer Pensionierung wird sie sich einen Hund aus dem Tierheim holen und sich einer Sekte anschließen.

31

Nina ist vor kurzem 32 Jahre alt geworden, und jetzt ist sie gänzlich verloren in diesem Land, in der ihr alles fremd ist. Sie wünscht sich nichts sehnlicher als zurückzukehren in ihre Heimat, zur Mutter, zu den Geschwistern, den Freundinnen und Arbeitskolleginnen, diesmal ganz sicher für immer. Sie hat aber einen Grund, nicht sofort den nächsten Zug zu nehmen: Man hat ihr die Kinder weggenommen. Es kann sich doch wohl nur um einen schrecklichen Irrtum handeln. Sie wird jedenfalls so lange bleiben, bis alles wieder am richtigen Platz ist. Kinder gehören zur Mutter. In aller Welt ist das so, sollte das in Österreich anders sein?

Die zurückliegenden Wochen waren wie ein schlechter Traum, der einfach nicht aufhören will. Begonnen hatte alles so schön. Es ist doch erst ein Jahr her, dass Viktor – der hier Karl heißt – ihr und den Kindern entgegengefahren ist. Alles hat sich wie eine glückliche Wiedervereinigung einer Familie angefühlt.

Gleich nach den Weihnachtsfeiertagen beginnt Nina zu arbeiten. Karl hatte bereits vor ihrer Ankunft Ausschau gehalten nach einem passenden Arbeitsplatz, und er ist fündig geworden. In einer Villa, nur zehn Minuten Fußweg von der Wohnung entfernt, betreibt eine Schneiderin mit einigen Mitarbeiterinnen eine Werkstätte für Damenoberbekleidung.

Dann lässt Karl das Frühjahr und den Sommer verstreichen. Im September wird die Große eingeschult. Im Oktober reicht er die Scheidung ein.

Dem Gericht bietet er sich als Dolmetscher an, und der Richter findet es praktisch, dass bei der Verhandlung der Kläger die Worte der Beklagten übersetzt. Nina versteht kein Wort.

Die Scheidung wird ausgesprochen, Nina trifft laut Urteil das alleinige Verschulden. Angeblich habe sie gleich nach ihrer Ankunft in Wien eine Affäre mit einem Nachbarn begonnen. Dieser angebliche Liebhaber ist weder als Zeuge geladen, noch wird aus dem Protokoll deutlich, ob es jetzt der Mann aus dem zweiten Stock – wie eine Zeugin behauptet – oder einer von der Nebenstiege – wie die andere Zeugin behauptet – gewesen sein soll.

Die Scheidung wird rechtskräftig. Die anschließende Entscheidung der Vormundschaftsrichterin über das Sorgerecht fällt zugunsten des Kindesvaters aus. Das österreichische Familienrecht der Nachkriegsjahre definiert Kinder als das Eigentum ihrer Väter, das betrifft auch die Staatsbürgerschaft.

Der Vater kann glaubhaft machen, dass andernfalls die Mutter die Kinder entziehen und mit ihnen in ihre Heimat, ins bolschewistische Russland, zurückkehren würde. Einen Vorfall dieser Art habe es vor vier Jahren schon einmal gegeben, da habe sie ihm die ältere Tochter entziehen wollen. Weiter bringt er vor, dass seine frühpensionierte Mutter sich bereiterklärt habe, die Mädchen vorübergehend zu betreuen.

Nina wird eine Frist gesetzt, bis zu der sie die Wohnung zu verlassen habe. Wohin soll sie gehen?

Karls Freunde sind behilflich. Man kenne da flüchtig einen Ukrainer, der sich am Mexikoplatz herumtreibt. Grigori heiße er, Grischa.

Grischas Lebensgefährtin ist kürzlich verstorben, und jetzt

sucht er eine Frau, die ihm den Haushalt macht. Er ist ein ungebildeter, jähzorniger Mensch. 1910 in einem Dorf in der Nähe der Stadt Charkow geboren, besucht er zwei Jahre lang den Unterricht eines Popen – der den kräftigen Buben aber besser bei der Stallarbeit als in der Lernstube gebrauchen kann. Er wird als Analphabet durchs Leben gehen müssen. Der Jugendliche arbeitet nach der Revolution in einer Sowchose als Stallbursche bei den Pferden.

Als 1941 die Nazis kommen, schließt er sich als Mitglied der so genannten »Hilfspolizei« der Wehrmacht an, die mordend durchs Land zieht. Die Ukraine wird seit vielen Jahren von der Sowjetmacht unterdrückt und in Hunger und Armut gehalten. Ihr fruchtbarer Boden wird ausgebeutet, den Bewohnern lässt man nicht ein Körnchen. Da ist Hitlers Wehrmacht willkommen. Die wird uns helfen, uns aus dem Würgegriff Moskaus zu befreien.

Als sich die Deutschen zurückziehen müssen, gelingt Grischa rechtzeitig die Flucht vor der Rache der Sowjets. Er schlägt sich nach Kärnten durch und deklariert sich als Zwangsarbeiter, der hierher verschleppt worden ist. Vor der Behörde des Flüchtlingslagers gibt er zu Protokoll, dass er keinesfalls in die Ukraine zurückkehren könne, weil dort Gefahr für sein Leben drohe. Er plane, gemeinsam mit einer Frau, die er im Lager kennengelernt habe, nach Kanada auszuwandern.

Er bleibt staatenlos, erhält aber einen Aufenthaltstitel für Österreich, und er wird das Land nie mehr verlassen. Um die Staatsbürgerschaft bemüht er sich nicht, er versucht überhaupt, möglichst wenig mit Behörden in Kontakt zu kommen. Nur nirgendwo auffallen. Nicht einmal ins Telefonbuch lässt er sich eintragen. Er lebt in ständiger Angst, sowjetische, deutsche, amerikanische oder israelische Geheimdienste seien ihm auf der Spur. Würde er entdeckt, würde man ihn vergiften oder ertränken.

Er arbeitet als Hilfskraft auf Schrottplätzen, später als angelernter Schweißer. Sonntags besucht er die Messe in der Barbarakirche in der Wiener Innenstadt, aber er kommt spät, steht ganz hinten, und geht früh. Unerträgliches Heimweh zieht ihn fast täglich an einen Ort, wo sich Ukrainer und Russen tummeln. Der Mexikoplatz im zweiten Wiener Bezirk, direkt an der Donau gelegen, ist allgemein als Schwarzmarkt bekannt. Dort legen die Schiffe aus verschiedenen Ländern an. Dort kauft er den Matrosen immer wieder etwas ab – ein bemaltes Holzlöffelchen, eine Flasche Krimsekt, einen Orenburger Schal. Dort spricht man seine Sprache. Die Sehnsucht nach der verlorenen Heimat, in die er seinen Fuß nie mehr zu setzen wagt, nach seiner Mutter, die hundert Jahre alt werden und die er dennoch nie mehr sehen würde, plagt ihn zeit seines Lebens. Wie magnetisch zieht er ihn an, dieser Fluss, das Band aus Wasser, das ihn mit der Ukraine verbindet – und zugleich hat er höllische Angst davor. Er wird doch nicht geahnt haben, dass er eines Tages sein Leben in genau diesem Fluss lassen würde? Die Umstände seines Todes durch Ertrinken werden nie geklärt.

Zu diesem Mann also vermittelt man die obdachlose Nina. Sie kann bei ihm einziehen. Die Einzimmerwohnung ist genauso primitiv wie der Bewohner. Er besitzt nur einen Satz Bettwäsche, und die ist offenbar seit dem Tod seiner Gefährtin noch nie gewaschen worden. Er kann sich gerade einen Tee selbst zubereiten, mehr nicht. Er braucht dringend eine Frau im Haus. Nina hat keine Wahl.

Sie sieht die Lösung als vorübergehend an. Hier kann sie

unterkommen, solange der schreckliche Irrtum nicht aufgeklärt ist und sie ihre Mädchen wiederhat. Sie kann nicht verstehen, warum sie sie nur alle vierzehn Tage sehen darf, und geht in der Mittagspause oder nach der Arbeit zur nahe gelegenen Wohnung, um wenigstens einen Blick auf sie zu werfen. Aber man lässt sie nicht ein. Als sie einmal in ihrer Verzweiflung laut zum Fenster des Kinderzimmers hinaufschreit und, als sich niemand zeigt, gegen die Wohnungstür hämmert, ruft jemand die Polizei, die sie auf die Wache bringt, wo man ihr klarzumachen versucht, dass sie eine Gesetzesübertretung begeht, wenn sie ihre Kinder zu sehen begehrt. Es gibt eine gerichtliche Regelung, und daran habe sie sich zu halten.

Als Nina das nächste Mal dieses gerichtlich zuerkannte Besuchsrecht wahrnehmen will, steht sie an einem Samstag im Stiegenhaus des Gemeindebaus und läutet an der Wohnung, die bis zur Scheidung auch die ihre gewesen ist. Sie hat sich das grüne Kleid angezogen, das ihrer Großen so gut gefällt und dessen weißen Spitzenkragen die Jüngere so gerne streichelt. In ihrer Tasche liegen Geschenke, zwei Röcke, die sie für ihre Mädchen genäht hat. Mit der Hand, denn eine Nähmaschine besitzt die gelernte Schneiderin immer noch nicht.

Die Schwiegermutter öffnet mit mürrischem Gesichtsausdruck, reicht ihr wortlos ein Blatt Papier durch den Spalt und will die Tür sofort wieder schließen. Nina reagiert schnell, und sie ist stärker als die alte Frau. Sie drängt sie zur Seite, läuft suchend durch die Wohnung und ruft die Namen ihrer Mädchen. Eva bemerkt, dass diese Frau jetzt zu allem fähig ist, aber die richtigen russischen Worte wollen ihr nicht einfallen. »Tam!«, erinnert sie sich, das heißt »dort«. Sie deutet dabei auf das Blatt in Ninas Faust, das diese bisher gar nicht beachtet hat. Jetzt streicht sie es auseinander, versucht die fremdartigen Schriftzeichen zu verstehen. »Deti tam«, stammelt Eva, »die Kinder sind dort.« »Wo Karl?«, schreit Nina ihr ins Gesicht. Eva deutet auf das Schriftstück. »Tam, tam«, stammelt sie, »dort, dort.«

Eva führt die erregte Frau zum Küchentisch, drückt sie auf einen Sessel. Sie reicht ihr ein Glas Wasser und eines ihrer Stofftaschentücher. Mit einer Mischung aus Russisch und Tschechisch versucht sie, tröstliche Worte für die verzweifelte Frau zu finden. Als sie merkt, dass es gar nicht auf den Inhalt des Gesprochenen ankommt, setzt sie sich und murmelt deutsche Sätze, mehr zu sich selbst als zur schluchzenden Frau. Sie spricht von ihren eigenen verlorenen Söhnen, von deren Schicksal sie so lange nichts wusste. Von ihrem Schmerz, ihren Schuldgefühlen, ihrer Wut auf eine ungerechte und eine grausame Politik, hier wie dort. Wir Frauen kriegen die Kinder, aber die Männer bestimmen über sie, so ist das immer und überall gewesen. Aber jetzt seien ja hoffentlich doch andere Zeiten angebrochen, und man gehe zivilisierter miteinander um. Sie habe es viel schwerer gehabt als Nina, die bräuchte nicht um das Leben ihrer Kinder zu bangen, im Gegenteil, sie würden gut behandelt und genährt werden, und die Mutter könne sie zweimal im Monat besuchen, nur eben nicht in Wien, sondern jetzt in Niederösterreich. Ein gutes Heim, sie habe geholfen, es auszusuchen. Es werde von evangelischen Glaubensfreunden geführt, gute Menschen …

Die alte Frau greift tröstend nach Ninas Hand. Die erträgt plötzlich diese Stimme nicht mehr, diese Berührung. Sie wirft das Taschentuch auf den Tisch und stürzt davon. Eva atmet auf. Neben Erleichterung ist da Wut auf ihren Sohn, der ihr diese Begegnung zugemutet hat, während er sich am Wochenende wahrscheinlich mit seinen Freunden irgendwo vergnügt.

Als Karl nach der Scheidung seine Mutter gebeten hatte, sich nach Ninas Auszug aus der Wohnung um die Kinder zu kümmern, war sie einverstanden, hatte ihm aber eine Frist gesetzt. Es beginne demnächst das Abschlusssemester an der Arbeitermittelschule, und sie müsse sich – gemeinsam mit Erika, Karls neuer Verlobten – intensiv auf die Maturaprüfungen vorbereiten.

Auch Erika will erst ihre Matura machen, bevor geheiratet und eine neue Wohnung bezogen werden soll. So erscheint allen die vorübergehende Unterbringung der Mädchen in einem Heim die beste Lösung zu sein.

An einem Dezembertag bestellt Karl ein Überland-Taxi, um mit der knapp Sieben- und der Vierjährigen ins niederösterreichische Salzerbad, achtzig Kilometer von Wien entfernt, zu fahren.

»Wir machen einen Ausflug, und wenn es euch gefällt, könnt ihr eine Zeitlang dortbleiben.«

»Ich will nicht dortbleiben.«

»Ich will auch nicht dortbleiben.«

»Es ist aber schön dort, ihr werdet sehen. Viele Kinder. Viel Spielzeug. Ich bin auch einmal in einem Kinderheim gewesen, und dort ist es mir sehr gut gegangen.«

In Salzerbad bleiben die Mädchen ein gutes halbes Jahr. Eine Kinderewigkeit. Im Frühling 1961 legen die Frauen ihre Matura erfolgreich ab. Zu Sommerbeginn heiraten Karl und Erika und beziehen eine eigene Gemeindewohnung. Sie holen die Kinder zu sich. Das Schuljahr beginnt. Die Große geht jetzt in die zweite Klasse, und es ist ihre dritte Schule. Knapp ein Jahr später wird es den nächsten Schulwechsel geben.

32

Im Wettkampf der Zivilisationen, der nach dem Krieg ausbricht, hat der Westen gesiegt. Der Lebensstil ist amerikanisch und wird es bleiben, aber so manches Herz schlägt immer noch links, und die zwischen den Systemen Zerriebenen wollen mit aller Kraft immer noch jenes Glück finden, das ihnen einst in so leuchtenden Farben versprochen war.

Karl Kafka und seine Frau Judith kündigen ihre Übersiedlung von Manchester nach Wien an. Der angelernte Maschinenschlosser und die Textilarbeiterin möchten den Lebensabend in ihrer Heimatstadt verbringen, die sich freilich so stark verändert hat, dass sie sich nicht mehr darin zurechtfinden werden. Die wenigen Verwandten haben sie in den vergangenen Jahren bereits brieflich ausfindig gemacht.

Karl Kafkas Eltern und drei Schwestern waren dem Holocaust zum Opfer gefallen, aber zwei seiner Geschwister sind am Leben: Olga, die mit einem »Arier« verheiratet war und seit 1945 Witwe ist, und Otto, der über Jugoslawien nach Italien flüchten konnte und dort in Lagern überlebt hat. Die Geschwister treffen einander nach fast zwei Jahrzehnten wieder, und sie stellen fest: Verwandtschaft sollte sich anders anfühlen. Karls Bruder lebt ein vollkommen entgegengesetztes Leben. Als Ältester und einziger Akademiker der Familie hatte es Otto bereits vor dem Krieg zu Ansehen, Wohlstand und einer Villa gebracht, während der jüngste Sohn sich der Arbeiterklasse nahe fühlte und als Sozialdemokrat, später als Kommunist aktiv war. Ihre Welten waren damals nicht deckungsgleich, warum sollten sie es jetzt sein? Zur Schwester Olga gibt es etwas mehr Nähe, wenn auch jeder Austausch über die Kriegsjahre in stummem Einvernehmen umschifft wird. Man trifft sich zu kleinen Tagesausflügen mit Olgas Tochter und der kleinen Enkelin. Karl verschweigt vor seinen Geschwistern, dass er Kontakt zu seinem Sohn hat.

Überhaupt wird viel geschwiegen in diesen Jahren – privat wie öffentlich. Die »Engländer« ziehen sich in die kleine Gemeindewohnung »über der Donau« zurück, die die Behörden den aus dem Exil zurückkehrenden Staatsbürgern zugestehen, und das alternde Ehepaar führt ganz still ein langes, ruhig fließendes Leben.

Wenn das Paar in seiner ersten Zeit nach der Rückkehr einen seiner seltenen Ausgänge macht, führt sie ihr Weg fast immer in den Wiener Stadtpark, wo man Enten füttert, händchenhaltend auf einer Parkbank sitzt, die faltigen Gesichter in die Sonne hält, die Vorübergehenden betrachtet und sich bald wieder auf den weiten Heimweg macht.

Eva hat von vornherein erklärt, dass sie ihren ehemaligen Lebensgefährten und Vater ihres Sohnes keinesfalls treffen möchte. Zu groß ist der Abstand geworden – zwischen den Körpern, den Weltanschauungen, den Schicksalen. Aber ihr Sohn Karli, der seinen Vater kurz nach seinem zehnten Geburtstag zum letzten Mal gesehen hat, ist begierig auf eine Begegnung.

Das erste Treffen vereinbart man in einem Kaffeehaus im neunten Bezirk, in jener Straße, in der einst Judith eine chemische Reinigung betrieben hat. Sie könnte um eine Entschädigung ansuchen, aber sie verzichtet darauf, »meinen Nerven zuliebe«. Sie musste bei der Flucht vor den Nazis ihr gutgehendes Geschäft zurücklassen. Von ihren drei Schwestern hat sie nur von einer ein Lebenszeichen. Wilma hat die Kultusgemeinde in Wien wissen lassen, dass sie in Kanada ihre neue Heimat gefunden hat. Von den beiden Jüngeren wie von den Eltern fehlt jede Spur.

Karl junior ist frisch geschieden, und er hat seine kleinen Töchter zu dem Treffen mitgebracht, damit Großvater und Enkelinnen einander kennenlernen; vielleicht aber auch als eine Art Schutzschild? Die Stimmung zwischen den Erwachsenen ist angespannt. Die Mädchen spüren das.

Die zwei alten Leute sitzen nebeneinander – ein vollkommen glatzköpfiger Mann mit seltsam vertrauten Gesichtszügen, und eine dünne, blasse Frau. Sehr schmal, sehr steif, sehr britisch, denkt Karl. Oder ist es doch eher so, dass einander vollkommen fremde Menschen um einen Tisch sitzen, die nicht einmal ein Thema finden, über das sie reden könnten? Die Kinder lockern die Stimmung auf, indem sie lautstark streiten. Der Opa hat Geschenke aus England mitgebracht, eine Puppe und einen weißen Plastikpudel. Beide wollen den Pudel.

Man trinkt aus und geht bald auseinander. Judith und Karl senior sprechen eine Einladung aus. »Kommt uns doch besuchen, an einem Sonntag, zum Mittagessen.« Vielleicht wird's da ja weniger steif zugehen, hofft Karl, und wir können endlich über all das reden, was uns in dieser langen Zeit der Trennung widerfahren ist. Wem sonst als meinem Vater sollte ich vermitteln können, was mir zugestoßen ist.

Eines Sonntags nimmt Karl seine Verlobte Erika mit auf die

lange Reise nach Floridsdorf, jenen nördlichen, jenseits der Donau gelegenen Bezirk am Stadtrand von Wien. Die Mädchen fühlen sich in dem kratzigen Sonntagsgewand und den weißen, ständig rutschenden Strümpfen überhaupt nicht wohl. Sie wären viel lieber bei der Mama, als mit dieser Tante Erika zu diesem komischen Opa zu fahren. Erst mit dem Bus, dann mit der Stadtbahn, dann weiter mit der Straßenbahn bis fast zur Endstation. Die Kinder langweilen sich, haben dann aber Spaß mit dem Straßennamen, wo der Opa wohnt – Roda-Roda-Gasse –, und sie machen ein Spiel daraus: Jedes Wort wird doppelt gesprochen. Sie merken, dass das der »Tante Erika« nicht so gut gefällt, und machen lange weiter.

Judith hat sich Mühe gegeben. Wiener Schnitzel hat sie zubereitet. Selbst die Kinder werden »Tante Judiths englisches Schnitzel« lange in Erinnerung behalten als dünnes, trockenes, lange zu kauendes, nach nichts schmeckendes Material. Die Nachspeise versöhnt auch nicht: Der Teig ist hart und der Belag bitter. Judith hat die Angewohnheit, ihre Augen zu einem dünnen Schlitz zu verengen und oft zu blinzeln. »Roda-Roda«, kichern die Mädchen und machen das hektische Blinzeln nach.

Die Männer nehmen ihren Mokka mit auf den Balkon und rauchen sich eine Zigarette an. Der Sohn beginnt endlich zu erzählen, wie es ihm in der Sowjetunion ergangen ist. Der Vater möchte es nicht hören:

»Du wirst mich nicht abbringen, Karli, ich bin Kommunist, und das bleib ich.«

»Ich bin doch auch Kommunist.«

»Warum sprichst du dann schlecht von den Sowjets?«

»Ich erzähl nur, was war.«

»Wo gehobelt wird, fallen Späne.«

»Es ist viel Unrecht geschehen.«

»Die Partei ist größer als der Einzelne.«

Vater und Sohn spüren einen Schmerz. Ist es der eigene? Der des anderen? Es wird gut sein, nicht daran zu rühren.

Drinnen machen die Frauen den Abwasch. Die Mädchen streiten. Die sanfte Judith setzt sich ans Piano – der einzige Luxusgegenstand in der schmucklosen Wohnung – und bringt den Kindern ein englisches Kinderliedchen bei.

Es wird in der Folge nicht viel Kontakt zwischen Vater und Sohn geben. Die Frauen sprechen in längeren Abständen Einladungen aus. Über Politik wird nie mehr geredet.

33

Nina bleibt nach der Scheidung in Österreich, in der ständigen Hoffnung, ihre Kinder wiederzubekommen. Sie erträgt viele Jahre lang ihren despotischen Dienstherrn, seine Beschimpfungen, seine Grobheiten. Eines Tages wird sie es schaffen, sich zu befreien. Auch eines ihrer Kinder wird sie zurückbekommen – aber das wird noch eine Weile dauern.

Nach Karls zweiter Ehe mit Erika, die nur ein knappes Jahr gehalten hat, kommen die Mädchen wieder in ein Heim. Nach einigen Monaten bietet Erika – die die Kinder mittlerweile »Mutti« nennen – an, sie zu sich zu nehmen und zu betreuen, und Karl ist einverstanden. Sie müsse jedoch aufpassen, dass Nina sie nicht nach Russland bringe. Das vierzehntägige Besuchsrecht bleibt weiter aufrecht, und Nina nutzt es, wie auch die ihr zustehenden zwei Wochen gemeinsamer Ferien – aber nur im Inland. Zwei Jahre lang funktioniert dieses Modell. Die beiden Frauen kooperieren, so gut es geht. Aber sie konkurrieren auch.

1966 bestimmt Karl: Die Kinder kommen jetzt zu mir nach München. Er hat inzwischen eine junge Medizinstudentin aus gutbürgerlichem Haus geheiratet und steht beruflich auf festem Boden.

Die Trennung von den Müttern tut weh, der Zehnjährigen mehr als der Zwölfjährigen. Die Kleinere macht sich immer wieder auf den Weg zum Münchner Hauptbahnhof. Die Polizei bringt sie jedes Mal zurück. Da entscheidet Karl: Na gut, dann soll sie nach Wien zurück. Aber nicht zur Mutti, sondern zur Mama. Nina würde nicht mit nur einem ihrer Kinder nach Russland gehen.

Inzwischen hat Nina Deutsch gelernt. Das verdankt sie allein dem österreichischen Fernsehprogramm, behauptet sie, denn in der Fabrik für Herrenoberbekleidung, in der sie jetzt arbeitet, wird kaum gesprochen. Freunde hat sie keine. Ab und zu trifft sie Karls Jugendfreunde, die sich an Sommersonntagen nach wie vor auf der Jesuitenwiese zusammenfinden. Ihr kleines Russland. Zumindest die Salate, die die russischen Ehefrauen mitbringen, schmecken nach Heimat. Karl hat längst einen neuen Freundeskreis, draußen in München, in »besserer« Gesellschaft.

In der Fabrik überholt Nina immer wieder den Akkord und bringt damit die Kolleginnen gegen sich auf. Aber die Prämien sind hoch, verglichen mit dem Lohn, und sie spart auf eine eigene Wohnung und auf eine Reise in ihr Geburtsland. Bei aller Sehnsucht – aber ein Leben in Kursk kann sie sich gar nicht mehr richtig vorstellen.

Eines Tages, in den Sommerferien 1969, ist Karl endlich einverstanden: Nina darf mit ihren Töchtern Russland besuchen. Er kann sich jetzt sicher sein, dass die inzwischen Jugendlichen nicht dort werden bleiben wollen.

Die Amerikaner landen auf dem Mond. Die Münchner Ehefrau bringt Zwillinge zur Welt. Die Ältere reist aus München an, und Nina und ihre Töchter besteigen zum ersten Mal ein Flugzeug. Von Moskau aus geht es dann mit dem Zug weiter nach Kursk.

Ihre Erstgeborene eilt voraus und findet – wie eine Schlafwandlerin – sofort Baba Anastasias Haus. Da kommt ihr auch schon die kleine alte Frau entgegengelaufen. Wie flink sie ist. Ja, dieses Lachen, dieser Schalk in den Augen, das ist sie, meine Babuschka.

Aber die Straße, das Haus, der Garten, wie armselig, wie schief, wie schmutzig! Sie sucht nach ihren Gerüchen und ist erleichtert, sie zu finden. Sie sind die Zeugen ihrer Erinnerung. Zugleich ist diese Welt, gerade weil sie die alte geblieben ist, ihr jetzt fremd. Eine Frage taucht auf, die unbeantwortet bleiben muss: Wäre ich geworden wie meine Cousinen, oder wäre ich geworden, wie ich bin, hätte man mich nicht fort von hier und nach Österreich gebracht? Um diese Zerrissenheit nicht spüren zu müssen, schlägt sie sich ganz auf eine Seite: Ich bin die Ausländerin aus dem Westen, froh, diesem primitiv-russischen Leben entkommen zu sein. Hochmut ist hilfreich.

Nur draußen, an jener sandigen Stelle an der Flussbiegung, funktioniert das nicht, und sie ist froh, allein hierhergekommen zu sein, sodass niemand ihre geröteten Augen sieht. Dennoch flüchtet sie nicht. Sie kostet von dieser schmerzhaft-lustvollen Empfindung, die etwas Beunruhigendes, Unbekanntes, Unwiederholbares ist.

Beim Abendessen zu viert – Großmutter, Tochter und Enkelinnen – erklärt Anastasia, welche Bewandtnis es mit den ersten Töchtern hat, und sie will ihrer Enkelin deren Mal zeigen. Die will nichts davon wissen.

Am nächsten Morgen zeigt Anastasia stolz ihr Totengewand. Seit Jahren liegt es bereit: Unterwäsche, Strümpfe, Schuhe und Kleid, alles ungetragen, für die letzte Reise, so verlangt es der Brauch. Sorgfältig in dünnes weißes Seidenpapier gehüllt, liegt es im Schrank und erinnert beim täglichen Öffnen an die eigene Endlichkeit. Das Kleid ist aus einem teuren Material, dunkelblau mit zarten weißen Blümchen. Regelmäßig wird es gewaschen, gebügelt und anprobiert. Immer wieder lässt Anastasia es umarbeiten, sie möchte modisch gekleidet in jene Welt gehen. Sie probiert es auch jetzt an und bittet ihre von weit her angereiste Tochter, die Armkugeln neu einzusetzen. »Schau«, sagt sie und hebt die Arme, »wenn ich so mache, wirft es unschöne Falten.« »Aber im Sarg wirst du nicht ›so‹ machen«, lacht Nina. Ihre Mutter, die sonst gerne lacht, bleibt ernst, und folgsam macht sich Nina an die Arbeit.

Als Anastasia viele Jahre später stirbt, ist das Kleid gerade wieder beim Ändern – der Hemdkragen war aus der Mode gekommen, fand die alte Frau. Weil in Russland am dritten Tag nach dem Tod beerdigt wird, muss der Schneiderin ein Expresstarif bezahlt werden.

DANK

meiner Familie für die Geschichten
dem Salon Lobmeyr fürs Subkutane
dem Zufall für eine Verwandte – Helga
Renata für ihren himmlischen Garten
den Steuerzahler/-innen für die Kunstförderung